まんがでわかる

歌舞伎の名作名啖呵

いまい かおる

まんがでわかる
歌舞伎の名作 名啖呵 ● もくじ

春の章 7

夏の章 71

秋の章

冬の章

本文レイアウト　村山利夫（スペースM）
各章扉毛筆　今井寿渓

春の章

肌脱げば花びらこぼる浜松屋（白浪五人男）

助《すけ》六《ろく》

助六由縁江戸桜《すけろくゆかりのえどざくら》

花の吉原・仲之町——
いま全盛を誇る傾城《けいせい》
三浦屋《みうらや》の揚巻《あげまき》が
華やかに道中してくる——
揚巻

待ちうけているのは
髭《ひげ》の意休《いきゅう》と呼ばれる
お大尽《だいじん》（金持）
意休
揚巻にホレて
通ってくるのだが
揚巻には
花川戸《はなかわど》の助六《すけろく》
という
とびっきり
イイオトコの
情人《カレシ》がいるので
どーも望みはナイ
NO Thanks

腹立ちまぎれに
助六をコキおろす意休
へんっ ビンボーな 若ぞうじゃ ねーか
んべ～っ
あーたより 若くて ハンサムよっ
べ～っ
負けじと
やり返す揚巻

そこへ
さっそうと
助六登場!
きりっ
助六
たちまち遊女たちから
吸いつけ煙草の雨アラレ
あぢ
あぢ
あぢ
内心おもしろくない意休を
さんざんからかい
子分の門兵衛たちをたたきのめし
これでもか!とばかりに
ケンカを売る助六
いっぷく
のみゃれさ
抜け
抜け
抜けっ
ぬ〜〜っ
なんとかこらえて
奥へ引っ込む意休
くゎんぺら門兵衛

一人残った助六に白酒売りが声をかけてくる
おれを呼んだはわれか?
江戸男伊達《だて》の総本寺さま ちょっと待っておくんなさい
助六の兄 十郎
実はこの二人 曽我十郎《そがのじゅうろう》・五郎《ごろう》の兄弟
兄者人《あにじゃひと》!
わしでごんす
弟のケンカ好きのうわさを聞き白酒売りに化けてたしなめにきたのだと話す十郎
これも違う
また違う
兄弟の義父・祐信《すけのぶ》が主家の重宝《ちょうほう》・友切丸《ともきりまる》を盗まれた責任を負わされたため宝刀《ほうとう》の行方を探して人の集まる吉原で毎日ケンカを売っては相手の刀を抜かせて調べていたのだと打ち明ける五郎（助六）
皆さまへの申し訳に坊主になりまする
コレ 気にさわったら かんにんしや あやまったわい
事情がわかってあやまる十郎だがすっかりスネた弟の機嫌をとるうちついなりゆきで一緒にケンカを売るハメになる
こよい わしも 友切丸 詮議のため そなたと一緒に ケンカをしよう

なんとも珍妙な
ケンカ指南がはじまるが
このにーちゃん
どーにもシマらない
股ァくぐれ!
股ァくぐれ!
そこへ揚巻が
客を見送りに
出てくる
助六さん そそうさんすな
おきゃあがれ 売女《ばいた》め やい侍 笠ァとれ!
やれ やれ〜い
わ〜〜っ 母者人《ははじゃひと》!!
とめる揚巻の
言うことも聞かず
ヤキモチ半分で
ケンカを売るが
笠をとってみて
ビックリ!
やはり助六の
ケンカ好きを
いさめようと
揚巻に協力を求めに
きたのだった
言わんこっちゃない…
もし 短気さおこせば 紙衣が 破れるぞよ
ははっ…
わけを聞いて
納得するが
ケガでもしてはと
紙衣《かみこ》（紙の着物）
を着せて
ケンカをやめると
誓わせる満江《まんこう》
母・満江

母と兄が去ったあとへ
やってきたのが髭の意休
やーい 女にかばってもらってやんの
母との誓いのために手が出せない助六をさっきの仕返しとばかりにののしり倒す
実は意休は助六の正体を知っていたのだ
にゃにお〜〜っ
調子にのってつい刀を抜いたのをすばやく確かめればこれぞ探し求めた宝刀・友切丸
これぞたずぬる友切丸!
すぐにも取り返したいが人目があってはめんどうと揚巻となにやら打ち合わせいったん引き上げる
やがて夜もふけ吉原の終業時刻店から出てきた意休を待ち受ける助六
汝《なんじ》も必ず本名あらん名をなのれ
意休とは仮の名まことは伊賀の平内《ひょうない》左衛門《ざえもん》
盗まれた友切丸を持っているからには只者《ただもの》ではあるまいと迫られ意休も本名を明かし激しい切り合いになる

ついに意休を倒し
友切丸を奪い返すが
通りかかった若い衆に
さわぎたてられ
追い詰められて
天水桶《てんすいおけ》に身をかくす
どっちへ逃げやがった
あっちを探そうぜ
追手に見つかり
あわやのところを
揚巻に助けられる
その棒のはしのわしが身へちょっとでもさわってみや
五丁町(吉原)は暗闇じゃぞ!
吉原一の傾城の
心意気をしめす
名タンカ!
やっと友切丸を
取り戻した助六は
吉原見世《みせ》の屋根づたい
いっさんに落ちのびて
いくのでありました
わ〜っ
つるっ
タタタタ.....
あ〜あ

ちょっと幕間　春

ケンカに強くて女にモテて母には弱い伊達男

この『助六《すけろく》』は、ご存じの方もいるかもしれませんが〝曽我兄弟の仇討ち話〟のひとつなんですねー。鎌倉時代の初期に実在した武士、曽我五郎《そがのごろう》・十郎《じゅうろう》の兄弟がどーして江戸時代の吉原に出現するのか？　なんて疑問はいっさいオカマイナシに話を進めてしまうのは歌舞伎の得意技ですが、実は助六のモデルになった人物は江戸時代の浅草・花川戸《はなかわど》に本当にいたのだそうです。もっとも、こんなカッコいい兄さんだったかどーかは疑問ですが…庶民代表の男伊達《おとこだて》が権力者代表の髭《ひげ》の意休《いきゅう》をやっつけるという『筋書《ストーリー》』に『曽我兄弟の仇討ち話』をからませて『花川戸の助六』の名前を借りてできあがったのがこの芝居だった、というワケ。

遊女が吸いつけタバコをくれるのは
好意の表現♡

このホカにも曽我兄弟をあつかった芝居はいくつかありますが、これらは『曽我物』と呼ばれ、明治初年ごろまでは、毎年の初春歌舞伎に必ず上演する習慣だったそうでアリマス。

この演目では助六と揚巻《あげまき》が意休を相手に悪態《あくたい》（悪口）をつきまくるのがひとつの見どころですが、これはセリフの意味を追うより早口言葉のようなテンポと歯切れのよさを楽しんだほうがいいと思うの。意味はよくわからなくても、なんとなく胸がスカッとするよーな爽快感が感じられてくるから不思議ですよ〜。

昔『助六』を上演するときは吉原からは助六の使う蛇《じゃ》の目傘《めがさ》と煙管《きせる》、揚巻の花魁《おいらん》道中《どうちゅう》に使う長柄《ながえ》の傘と箱提灯《はこちょうちん》。魚河岸からは助六の鉢巻《はちまき》と下駄《げた》を贈るナラワシがありましたが、現在では特別なセレモニーのとき以外やらなくなりました。

あの鉢巻は普通〝病《やまい》鉢巻〟といって病人がするものなのですが、助六のは〝競《きお》いの鉢巻〟と呼ばれていて男伊達の威勢のよさと荒若衆《あらわかしゅう》の色気を感じさせる小道具になっています。

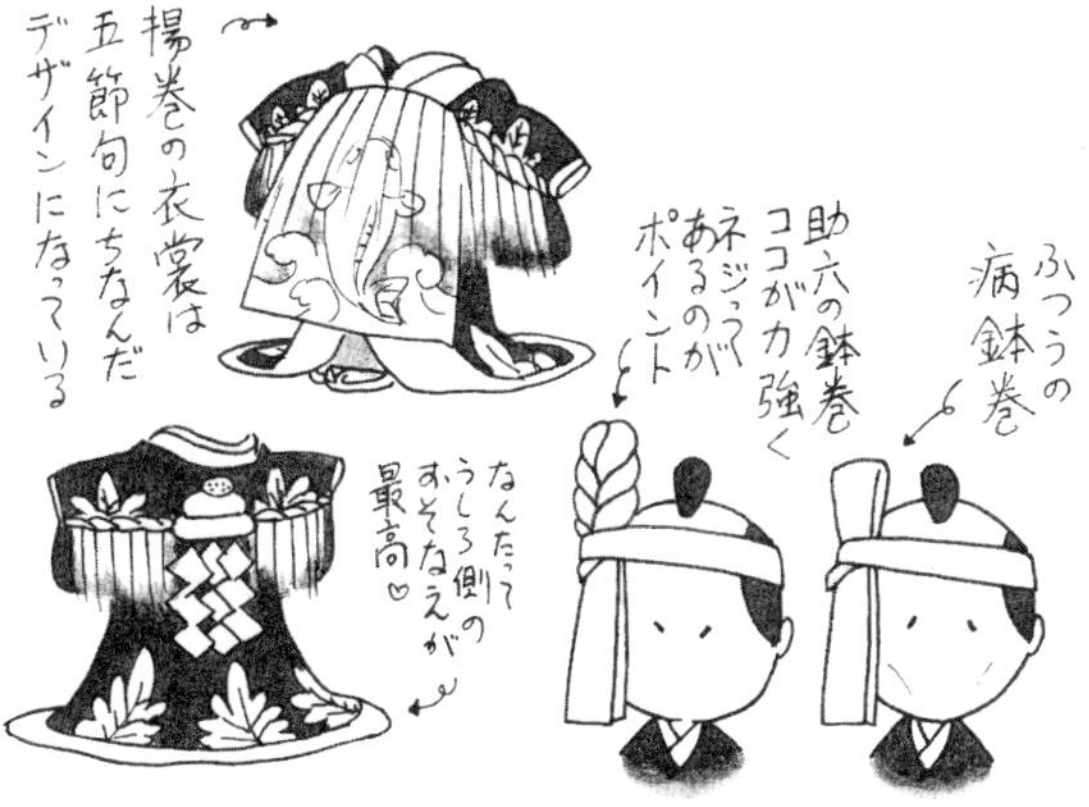
ふつうの病鉢巻
助六の鉢巻ココが力強くネジってあるのがポイント
なんたってうしろ側のおそなえが最高♡
揚巻の衣裳は五節句にちなんだデザインになっている

雪暮《ゆきのゆう》夜《べ》入《いり》谷《やの》畦《あぜ》道《みち》

春とは名のみの雪のちらつく日暮れ時
入谷田圃《いりやたんぼ》の二八蕎麦屋《にはちそばや》では
二人連れの男が蕎麦をすすりながら
この近くにある吉原の遊女屋
大口屋《おおぐちや》の寮《りょう》のようすを
聞いている
とっふあん
ほのへんに
ほー ふひゃの
りょーが……
たべるか
しゃべるか
どっちかに
せんか！
じつはこの二人
町人に変装した捕方《とりかた》だったりする

根ほり葉ほり
大口屋さんの
ことを聞いてったな
うさんくさい
二人連れ
でしたねえ
二人が帰ったあとへ入ってきた
頬《ほ》っかむりの若い男……
直次郎
カケで
酒を一本
熱くして
くんねえ
ハイハイ
直侍《なおざむらい》と呼ばれている
御家人《ごけにん》くずれのならず者
片岡直次郎《かたおかなおじろう》である

熱い蕎麦と酒で
体をあたためて
いるところへ
顔見知りの
按摩《あんま》の丈賀《じょうが》が
入ってくるが
今はおたずね者に
なっている直次郎
眼の見えぬ相手と
わかっていても
追われる身の
悲しさ
つい顔を
そむけながら
聞き耳を
たてている
大口屋の
おいらんが
出養生に
来てるので
毎日
あんまに
行くのさ
ごちそう
づくめで
けっこうだねえ
あんま・丈賀
そうとも知らぬ丈賀は蕎麦屋夫婦と
大口屋の寮に出養生《でようじょう》に来ている
花魁《おいらん》・三千歳《みちとせ》のウワサ話をはじめる

書くもの かしてくんねぇ
ハイハイ 筆が悪うございますが……
三千歳に呼ばれて揉《も》み療治《りょうじ》兼話し相手に通っているのだと聞いた直次郎 筆と紙を借りて手紙を書き ひと足先に蕎麦屋を出て丈賀を待ち受け ひそかに手紙をことづける
これを三千歳に渡してくれ
丈賀のあとから寮へ行きかけたところへ直次郎の弟分でやはりおたずね者の暗闇《くらやみ》の丑松《うしまつ》が通りかかる
丑《うし》やい たっしゃでいろよ
丑松
お互い江戸を高飛びする身とあって名残を惜しみつつ別れていくが ふと丑松は直次郎の居場所を密告して自分の罪を軽くしようと考えつく
訴えてやれ
なりませぬ
思い迷っているところへ店を閉めに出てきた亭主
おーい となりの家のウラの戸が開いてるよ
はやく知らしてやんなよ!
裏切りを決意して直次郎の後を追う丑松
知らしてやれとはいい辻占
よし、さっそく……

わちきが こんなに やせるほど 想《おも》うているに……
その頃大口屋では 夢にまで見た 直次郎の訪れを 飛びつくように 迎えた三千歳が 嬉し泣きの 真っ最中
どこが!?
うっぷ
直さんが 来ないからって ヤケ食い ばっかり してた もんね〜〜
三千歳
女郎たち

しかし直次郎は 役人に追われる 今の身の上を明かし 別れ話をきりだす
またいつ逢われるか 知れぬ体…
そんなら いっそ おまえの 手にかけて 殺して行って くださんせ
すがりつく三千歳 心のゆれる直次郎

一緒に連れて行けぬなら 殺してくださんせ
今夜の雪を さいわいに 手に手を とって 甲州へ お逃げ なされませ
前に直次郎に 恩を受けていた寮番の喜兵衛《きへえ》は 後のことは引き受けるからと 二人に逃げるように勧めるが
寮番・喜兵衛

時すでに遅く
丑松の知らせを
うけた捕手たちが
寮をとり囲んでいた
直侍
御用だ!
直はん
逃げてっ
かるがる
打ちかかってくる
捕手たちを
はねのけ
つきのけ
外へ飛び出す
直次郎
ひえっ
女は
つおいっ
ウソよっ
直はん
!
三千歳
もう
このせじゃあ
会わねえぞ!!
二人の悲痛な叫びを呑み込むように
またもや雪が降りかかるのだった

ちょっと 幕間 春

世の中のハミダシ者と花魁の恋は雪より淡く

あとに出てくる『河内山宗俊《こうちやまそうしゅん》』と同じく『天衣紛上野初花《くもにまごううえののはつはな》』という長いお話の中のひと幕で、舞台のセットを見ると冬みたいですが早春という設定になっています。――もっとも旧暦でしょーから実際には今の十二月から一月あたりの季節じゃなかろーかと思うのですが――

見せ場はやはり三千歳《みちとせ》と直侍《なおざむらい》（片岡《かたおか》直次郎《なおじろう》）の色模様ですが、暗闇《くらやみ》の丑松《うしまつ》が裏切りを決意するあたりや当時の蕎麦屋の描写、入谷田圃の情景なども〝生世話《きぜわ》物《もの》〟（写実的な芝居のこと）と呼ばれるこのテの芝居のおもしろさがタップリ味わえる場面のひとつと言えましょう。

江戸時代も終わりの頃になると直次郎のように、身分も収入も低く出世の望みもなく生活に困るものの、武士としてのプライドのためにホカの仕事もできないという、八方ふさがりの状態にヤケになって無頼の仲間に走るヤカラが増え、一般市民はかなり迷惑をこうむっていたようですが（働くのは恥ずかしくても人にタカって生きるのは恥ずかしくなかったんでしょーかね～？・）、とにかく、この直次郎は飲む・打つ・買うの三拍子揃った遊び人で、客に買われる身の花魁《おいらん》の三千歳があちこちに借金してつくった金も博打でスッてしまうようなどっしょもない男ながら、イキな二枚目でしかもイヤミがなく遊女に命がけでホレこまれるような可愛げがなくてはならぬというナカナカむずかしい役でもあります。

江戸時代の入谷《いりや》あたりには、この芝居の舞台になったような吉原の女郎屋の寮が多くあり、病気の遊女が治療のために寮へ移されることを〝出養生《でようじょう》〟すると言っておりましたが、そういう待遇を受けられるのは稼ぎがいいとか治る見込みがあるとかいう遊女に限られておりまして、稼ぎが悪く治る見込みもない遊女は医者にもかかれず物置などに放り込まれたまま死ぬのを待つのみ、というヒサンな目にあったのでした。

そういう事情から考えますと、特に病気というワケでもなく恋わずらいみたいなモンで出養生させてもらえる三千歳はかなり売れっ妓《こ》だったようでありますナ。もっとも遊女としては中級クラスというところなので、演ずる場合あまり上品になりすぎても下品になりすぎてもいけないんだそーです。

お話とは関係ないけど〝二八蕎麦屋《にはちそばや》の場〟の蕎麦はホンモノです。あの場面の捕手の二人と按摩《あんま》の丈賀《じょうが》は、直次郎の食べ方がイキに見えるようにモソモソとヤボな食べ方をするのだそうで、昔は直次郎の蕎麦をファンが届けにきたという話です。

野崎村《のざきむら》

新版歌祭文《しんぱんうたざいもん》

野崎村の百姓・久作《きゅうさく》の家では
娘のお光《みつ》が嬉しそうにいそいそと
大根なますをつくっている
とんとことんとことんとことん
お光
それもそのはず
きょうは幼い頃から
兄妹同然に育った
久松《ひさまつ》との嬉しはずかし
祝言日《しゅうげんび》なのでアル
こちらに久松どのというおかたが…
ピーン
!
そこへやってきた
美しい町娘
そんなお人はこちゃ知らぬ
よそを訪《たん》ね〜みやしゃんせ!
久松を訪ねてきた
油屋の一人娘お染である
それと察したお光は
恋しい久松を
取られてなるものかと
ケンもホロロに追い返す
びびびび〜
お染
そこへ奥から
久作と久松登場
お光 したくはできたか
若夫婦となる二人に
肩をもませ灸《きゅう》をすえさせ
舅《しゅうと》気分ですっかりゴキゲン
お光の父 久作
久松

いっぽう木戸の外から久松をみつけたお染はなんとか気づかせようとウロウロソワソワ
おーい
おーい
やっと気づいた久松はお光と久作に知られてはマズイとソワソワハラハラ
シッシッ
そんな久松のようすにヤキモチをやくお光はハラハラハライライラ
久松会いたかったわいなァ
お染さまにはどうしてここに…!?
やがて久作もお染に気づきせめて別れの時をすごさせてやろうといやがるお光の手を引いて奥へ引っ込む
なによーっ 人のいいなずけにベタベタするんじゃないわよっ!!
どーしてもこーしてもないわよっ久松っ!
人をハラませといて店をやめるなんてどーゆーつもりっ!?
やめたんじゃなくて〜 お金なくした罪でやめさせられたんです〜
久松の残していった手紙を差し出し置いていかれた恨みごとを言うお染だがお染の母親の心配を思って結納をかわした山家屋《やまがや》へ嫁入りするようにと諭《さと》す久松のことばにいっそこれまでとカミソリをとりだす

おまち下さりませ
私も一緒に
お染さま
死んでやるっ
お染の覚悟を知った久松はそれなら二人一緒に死のうと誓うが
その思案悪かろう!
物陰で聞いていた久作がとめに入る
世間の義理もお主の恩もムチャクチャにしてしまうが侍の子か人間か!?
なるほどすっぱり思い切りましょう
久作の意見に従い別れるフリをして目と目で心中《しんじゅう》の決意をかわす二人
そうとは知らずよろこぶ久作
善はいそげとお光と祝言させようとするが花嫁姿のお光の綿帽子《わたぼうし》をとってビックリ!
お二人が思い切ったは表むき死ぬるかくごでいやしゃんす

二人の決意を察して
自分が身を引く
ほかはないと
いさぎよく尼になる
決心をしたのだった
これは
お染さまの
お袋さま
おまえは
母《かか》さん
あなたは
お家《いえ》さま
涙・涙の真っ最中へ
お染の母親があらわれ
その場を納めて
久松をもう一度店へ
戻すことにするが
くどいっ
お染の母・お常
お光の思いやりに対する
せめてもの礼儀として
二人を駕篭《かご》と舟にわけ
別々の道から帰るようにと
いいつける
兄《あに》さん
おまめで
家の裏手の土手に立ち
久松の駕篭を必死で
目で追いながら
見送るお光は
思い切ったつもりでも
ついこみあげてくる
悲しさ・愛しさに
ついに
久作にすがりついて
泣きくずれるのだった
ととさ〜ん
ええわい
ええわい

ちょっと幕間　春

恋なんて浮気なものね 恋なんてなんになるの

『新版歌祭文《しんぱんうたざいもん》』というよりは『お染《そめ》・久松《ひさまつ》』といったほうがわかりやすそーな三角関係のお話ですが、実はバックにお家《いえ》の重宝《ちょうほう》紛失事件というのがありましてそれを取り返そうとする久松と宝を盗んだ悪人・恋敵などが入り乱れるややこしい話で、あまりに内容が盛り沢山すぎたためか『野崎村』の場しか上演されなくなってしまったというイワクつきの演目です。

　見せ場としては久松をたずねてきたお染とそれにヤキモチをやくお光《みつ》のやりと

り、町娘と田舎娘の対比、お染のクドキ、お光の純愛と切ない思いやり、久作《きゅうさく》とお常《つね》の心遣いなどなど心理描写的な部分が多く、単なるひと幕物のラブ・ストーリーとして観たほうが楽しめると思いますねー。

　特に尼姿となったお光が久松をあきらめる決心を話すくだりと久松の駕籠を見送るラストは胸キュンものです。

　このシーンは大がかりな舞台セットでも有名な見せ場で、本来の花道に平行して作られた仮花道をお染と久松が舟と駕籠とに別れて帰っていくという客席を川の一部に見立てた大胆な演出には、きっとびっくりしますぜ♡お客さん。

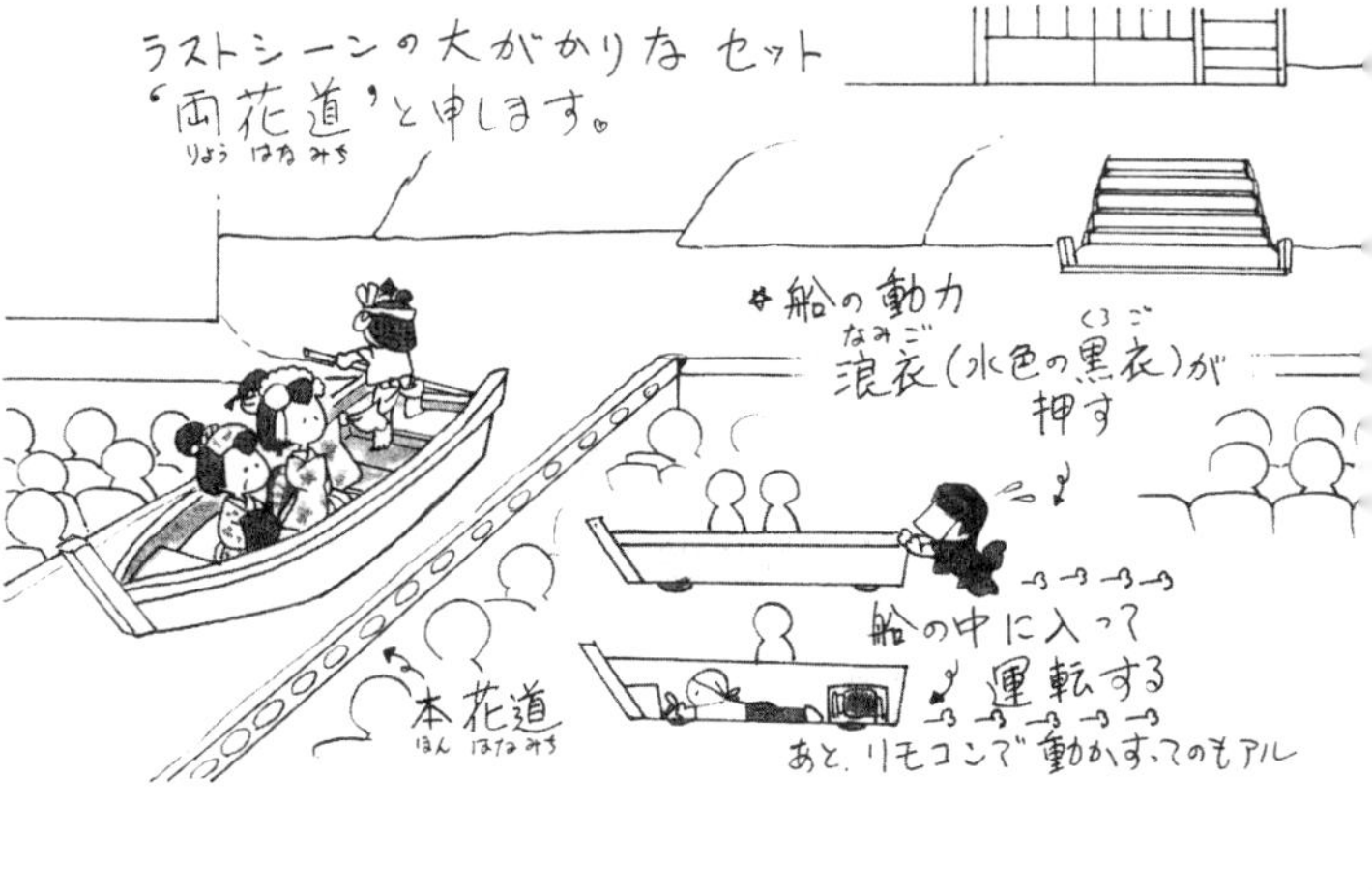
ラストシーンの大がかりなセット
'両花道《りょうはなみち》'と申します。♡
☆船の動力
浪衣《なみご》(水色の黒衣《くろご》)が押す
船の中に入って運転する
本花道《ほんはなみち》
あと、リモコンで動かすってのもアル

白浪《しら なみ》五《ご》人《にん》男《おとこ》
青砥草紙花紅彩画《あおとぞうしはないのにしきえ》
呉服の大店《おおだな》・浜松屋へ
武家娘が供 侍《ともざむらい》をつれて
買い物にくる
いらっしゃいませ〜っ♡
店の者たちは
娘の美しさに
思わずウットリ♡
祝言用の品を買いに
きたと聞いて
ついガッカリ
ちぐぐ〜っ
番当 番頭・与九郎
これ四十八《よそはち》
それを
言やるなと
いうに…
つい
うっかり
いたしました
反物《たんもの》などを山ほど出させて
あれこれ選んでいるうち
娘が
緋鹿子《ひがのこ》の半えりを
そっとふところへ
入れるのを目撃
さては万引!と
さわぎだす
ささっ
この万引
!っ
ぬすっと!
スッタモンダのまっ最中に
浜松屋の息子が帰ってくる
宗之助

皆をなだめて確かめてみれば万引したと思った半えりはよその店で買ってきた品物
これは山形屋で買った証拠の書きつけ
これでも万引と言いかけするか
青くなってひらあやまりする宗之助《そうのすけ》と番頭たちは顔をあげた娘を見てもっと青くなる
店の者全員首をうつそれへなおれ！
あらぬ疑いをかけられたうえ嫁入り前の主家の娘に傷までつけられてはオメオメ屋敷へ帰れるものかと血相かえて怒りだす供侍
かくなるうえは申し訳に店の者を全員たたっ斬り切腹するといきりたつのを鳶頭《とびがしら》が仲裁に入りお詫《わ》びの膏薬代《こうやくだい》を渡すが額《がく》が少ないと突き返され今度は頭《かしら》が怒りだしてまたひとさわぎ
おのれ無礼者
聞かざァ言うめえ好きにしろい！
鳶頭清次

要求どおり百両うけとって
引き上げようとした二人を
奥の間からあらわれた
侍が呼び止めて
カタリだときめつけた
娘というは
二《に》の腕に
チラリと見えたる
桜の彫りもの
なんと男であろうがな!
ぎくっ
玉島逸当
浜松屋幸兵衛
もう
化けちゃあ
いられ
ねぇや…
娘はくやしそうに侍を
睨《にら》みつけていたが
やがてガラリと
態度が変わる
あ〜あ
きゅうくつ
だった!
この野郎
しっ腰の
ねえ
あら〜〜
あっけにとられて
声も出ない皆の前で
待ってました!の
名セリフ♡
知らざあ
言って
聞かせや
しょう!
名せぇ
ゆかりの
弁天小僧
菊之助たぁ
おれがことだ!!
早い話が娘に化けていたのは
弁天小僧《べんてんこぞう》と異名をとる盗人《ぬすっと》で
仲間の南郷力丸《なんごうりきまる》としめしあわせ
わざと万引と疑われるようにして
浜松屋をゆすりに来たのでアル
よー
よーっ
南郷力丸
弁天小僧

おのれ いっそのことに……
斬って 赤い血が 出なけりゃあ ゼニは とらねぇ すっぱりと やってくんねぇ！
正体がバレても あくまでフテブテしい ヤローども

さわぎが広まっては 店の名にキズがつくと 膏薬代を差し出し ともかくおとなしく 帰ってくれと頼み込む
今日のところは それだけ もらって 帰ったほーが よかァねーかえ

結局うまうまと 二十両せしめた二人
金を山わけして 荷物を押しつけ あいながら 陽気に引き上げて いくのだった
塩

ちょっと幕間　春

みめうるわしい武家娘　じつはオトコが化け娘

通しの『青砥草紙花紅彩画《あおとぞうしはなのにしきえ》』では五人組になっていますが、ここでは弁天小僧《べんてんこぞう》と南郷力丸《なんごうりきまる》と首領《ドン》の日本駄右衛門《にほんだえもん》の三人だけ出てきます。見せ場はなんといっても正体をあらわしてからの居直りタンカで、それまではソソとしたお嬢サマだったのがガラリと伝法《でんぽう》な男に変わるという意外性と小気味のいいセリフに思わず引き込まれてしまう名場面です。ただし男といってもこの役はどこか少年っぽくなければいけないのだそーで、美少年が女装してユスリを働くという倒錯美的なアブナイ雰囲気が今昔を問わずウケている理由のひとつでしょう。

それから見せ場というより楽しい場面と言ったほうがいいと思うけど、お嬢様（じつは弁天小僧）の注文した反物を出してくるあいだに番頭が歌舞伎役者の話をするところがありまして、ここで必ずそのとき出演している俳優の名前を使うので観客はたいがい喜びますねー。歌舞伎はこういうギャグがお得意でホカにもいろんな芝居に出てきます。

上演するのはこの〝浜松屋《はままつや》の場〟だけ

のこともありますが、たいていは五人男が全員集合する別名〝稲瀬川《いなせがわ》のツラネ〟と呼ばれている〝稲瀬川勢揃いの場〟とペアのことが多く、動く錦絵さながらの美しく華やかな舞台が展開されます。（ホントは〝稲瀬川〟の前に〝浜松屋蔵前の場〟という弁天小僧と日本駄右衛門と浜松屋親子の因果因縁が明らかにされる場面があるのですが、ワリとすっ飛ばされたりしている気の毒な場です）

ついでにお話しておきますと、コレを通しで上演した場合、ラスト近くに〝極楽寺山門《さんもん》の場〟から〝屋根上の場〟へのセット転換が歌舞伎スペクタクル中のスペクタクルとも言える『がんどう返し』です。機械も電気もない江戸時代に考えられたのが信じられないほど斬新でダイナミックな仕掛けで一見の価値のある舞台ですが、めーったに上演されないのが悲し～。

がんどう返し
図解
切腹した弁天小僧
屋根のセットがうしろへのけぞる
さらにのけぞる
ココまでふんばってるのが大変
別のセットがセり上ってくる
日本駄右衛門が登場

桜《さくら》姫《ひめ》東《あずま》文《ぶん》章《しょう》

春まだ浅い
江ノ島の
海を見おろす
稚児《ちご》ケ淵《ふち》
おぼろに浮かぶ
影ふたつ・・・・
長谷寺《はせでら》の所化《しょけ》（僧）・清玄《せいげん》と
相承院《そうしょういん》の稚児《ちご》・白菊丸《しらぎくまる》でアル

火事とケンカは江戸の華
稚児と衆道《しゅうどう》は寺の華
とか申しまし・・・・たかな？
とにかく
この二人は
ふとした
ことから
恋に堕《お》ち
修行には
身が入らんわ
噂はひろまるわで
ゆるされぬ
愛の重荷と
罪の意識に
耐えきれず
いっそ心中《しんじゅう》して
未来（あの世）で
添《そ》い遂げようと
お互いの寺を
抜け出して
きたのだった
愛～♪
あればこそ～
きりりっ
僧 清玄
稚児 白菊丸
香箱

来世《らいせ》でめぐり逢ったときの
めじるしにと
香箱《こうばこ》の蓋《ふた》と身《み》に
互いの名前を
書いて身につけ
砕け散る
波間をめがけて
ざんぶとばかりに
飛び込んだ！
――のは
白菊丸だけだった
どっぽん

迷わず生仏してくだされ
ちごがふち
一瞬遅れた清玄は
我《われ》にかえって怖《お》じ気《け》づき
さんざん迷ったあげく
死ぬのを思いとどまり
白菊丸の菩提《ぼだい》を
弔《とむら》って生きる
決心をする
あの方〜
こうして
新《あら》たなる騒動の
幕が開く

十七年後——
清玄はあれ以来
セッセと修行に励み
今では阿闍梨《あじゃり》となって
人々に崇《あが》められている
ある日
寺に花見に
来ていた
姫君が
清玄に
出家《しゅっけ》させて
ほしいと
願い出る

桜姫《さくらひめ》といって京の公卿《くぎょう》・
吉田家の息女だが
生まれつき左手が開かず
それがモトで縁談はこわれ
おまけに父親は何者かに殺され
お家《いえ》の重宝《ちょうほう》の都鳥《みやこどり》の一巻《いちかん》は奪われ
それを探していた弟も殺され・・・
桜姫
よーまーここまで不幸をかさねたモンやな〜
不憫《ふびん》に思った清玄が
一心こめて祈ると
たちまち姫の左手は開き
中から清玄の名が書かれた
香箱の蓋が転がり出る

あまりに不思議な偶然と
罪の深さにおののく清玄
これは白菊丸の…
さすがは尊い阿闍梨と
人々がほめそやすなか
内心おもしろくないのは
清玄の弟子の残月《ざんげつ》
残月

仏の戒律《かいりつ》を破って
姫の局《つぼね》の長浦《ながうら》と
ひそかにイイ仲に
なっているうえ
なんとか清玄を
陥《おとしい》れて
自分が寺の
跡目《あとめ》を継《つ》ごうと
たくらんで
いるのだった
早うそなたと夫婦《めおと》に……
長浦
く…く…く〜〜
おもいっ
ありがたい
神仏の力を
体験して
ますます出家の
決意をかためた
桜姫のところへ
かつての許嫁《いいなずけ》の入間悪五郎《いるまあくごろう》が
左手が治ったことを聞きつけて
ヨリを戻そうとやってくるが
長浦にアッサリ断られ
さっくら姫ちゃ〜ん♡
悪五郎

手の治った今なら相手はよりどりみどり
なんでわざわざあなたなぞと…
あきらめきれず
姫に直接かけあおうと
ならず者の釣鐘権助《つりがねごんすけ》に
手紙の取り次ぎを頼む
実はこの権助こそ
悪五郎の指図で
都鳥の一巻を
盗み出し
姫の父親と弟を
殺した張本人
なのでアル
権助

そうとも知らず吉田家再興のためになくてはならぬ重宝と必死で行方を追っている吉田家の跡取りの松若《まつわか》と家来たちだが残る期限は今日一日
いよいよ巻物のゆくえ知れぬときは切腹して申しわけ♪
いやいやいったん落ちのびて宝の詮議…
だが忠臣たちはひそかに逃げ延びて重宝の探索をするように勧める
お早くお逃げくださりませ
松若
粟津七郎
奴《やっこ》権助
そうはさせじと立ちふさがったのは家来の松井源吾
松若やらぬ！
吉田家横領を企んでいる悪五郎と手を結びじゃまな松若を殺そうとチャンスを狙っていたのだ
ここはまかせてすこしも早く！
危機一髪で逃げ延びる松若
とっとことっとことっとことっとこ
あ〜い
松井源吾
いっぽう草庵へ忍び込んだ権助は剃髪《ていはつ》の時刻を待ちわびる姫君に悪五郎からの手紙を渡すが
つんっ
つれづれのなぐさみにとあれこれ話をするうちにふと権助の二《に》の腕の彫《ほ》り物《もの》を見てようすの変わる桜姫
また〜

侍女たちを下がらせ
権助を呼び寄せて
袖をまくってみせる
これ見てたも♡
いっ!?
くせものだーっ
去年の二月
吉田邸に忍び込み
都鳥の一巻を
盗んだついでに
姫の初物《バージン》まで
盗んで逃げた賊《ぞく》が
忘れられず
さがせ
さがせっ

顔も名前もわからぬが
チラと見た男の腕の
釣鐘と桜の彫り物を
自分の腕にも彫りつけ
そのとき身ごもった子を
こっそり産み落とし
長浦のはからいで
里子《さとご》に出したのだと
打ち明ける
これからはそなたの女房とやらに……
今はもう
出家する気もなくなり
恋しい男との再会に
女心を燃やす桜姫
ひぇ〜〜っ
いっぺんで
妻子もち!?

そこへ踏み込んできた入間悪五郎
局・五百崎《いおざき》
おのれ
なんつー
ふとどきな…
ちくそー!
いち早く逃げだした権助だが
取り乱した桜姫のようすに
ナニがあったかは一目瞭然
サッ

その場に落ちていた香箱から
相手は清玄だときめつける残月
これぞのがれぬ証拠！
これも白菊丸のタタリかと
申し開きもできない清玄は
ついに女犯《にょぼん》の罪を着せられ
寺を追われることになる
しめたとばかりに
跡目相続を願い出た
残月だが
長浦と夫婦になる
という起請《きしょう》をひろわれ
同じく追放となる
キミとけっこんします

数日後——
この子はお返しいたします
稲瀬川《いなせがわ》の河原で
清玄と桜姫が
晒《さら》し者になって
いるところへ
姫の赤ん坊を
あずかった夫婦が
お家取り潰《つぶ》しに
なっては養育費が
もらえないと
赤ん坊を返しにくる
今は家も身寄りもなく
乳飲み子を抱えて
途方にくれる桜姫

清玄はいっそ本当の
破戒僧《はかいそう》になろうと
数珠《じゅず》を断ち切り
姫にセマる
そなたと一緒になろう
そこへ姫に未練のある
悪五郎がやってきて
人質に赤ん坊を
さらっていく
この子がほしくば邸まで来い！
おぎゃ〜〜

追いかけようとする
桜姫をとめる拍子に
清玄は川にドボン
忘れてっちゃやだ〜っ
いっぽう悪五郎は
逃げる途中で落とした
悪事の証拠の密書を
追ってきた七郎から
取り返そうと
もみあううち
赤ん坊を置き忘れて
逃げ去る
まて〜!

桜姫や〜い!
川から
這い上がってきた
清玄が
桜姫を探す手だてにと
赤ん坊を拾い上げ
姫は赤ん坊の
清玄は姫の姿を求めて
すれ違いにも気づかず
さまよい歩く
また日は流れ——

ここは残月と長浦が
住みついている
北本所・岩淵の地蔵堂
清玄
残月
ではおあずかりしましょう
病《や》み衰《おとろ》えた清玄も
身を寄せているが
赤ん坊の面倒がみきれず
たまたま子供を亡くした
葛飾《かつしか》のお十《じゅう》という女が
来あわせて預かっていく
お十

清玄がかたときも
離さぬ袱紗《ふくさ》包みを
金と思い込んだ二人は
長浦と
清玄を殺してこれを
奪おうとたくらみ
薬といつわって
毒を飲ませようと
するが
この病《やまい》も仏さまのおぼしめしなれば自然のままに…
むりやり飲ませようと
もみあう拍子に
毒薬は清玄の
顔に…！
たちまち
痣《あざ》が浮きだし
形相《ぎょうそう》がかわる
がしっ

ついに清玄をしめ殺し
袱紗包みを開けてみれば
中身は香箱
お金《たから》と思ったらこりゃ香箱のフタ！
ガッカリした二人は
ともかく清玄を病死と
いうことにしてサッサと
始末してしまおうと
墓掘り男と一緒に
墓穴を掘りはじめるが
この男がなんと
釣鐘権助
ざっく
権助

世話さかけるぞや
そこへ女衒《ぜげん》が
小塚《こづか》っ原《ぱら》の女郎屋へ
売りとばそうと
おかしな言葉づかいの
美しい女を連れてくる
ま いーけどね〜
桜姫
そちゃ残月！。
顔をあわせて
お互いビックリ！
あなたは姫君！。

誰かある〜
セクハラじゃ〜
あーたっ!!
かつての高嶺の花の姫に
つい色気を出した残月が
言い寄っているところに
長浦が帰ってきて大ゲンカ
割って入った権助は
姫の亭主と名乗りをあげる
命を助けるかわりに
地蔵堂と家具一切
身ぐるみまで剝《は》いで
二人を追い出した
ようやく権助に
めぐり逢い
喜ぶ桜姫だが
庶民《シモジモ》の生活に
馴《な》れさせるには
女郎勤《づと》めが一番と
話をつけに行く権助
心細さと
雷の音に
おびえながら
待つうちに—
稲瀬川で清玄に
ちぎられた
片袖と香箱が
あるのに気づく
どうして
これが…？
う〜む…
とたんに近くへ落雷！
そのショックで清玄が
息をふきかえす
がお〜っ
メカゴジラかっ
つーの！

おどろく桜姫に
十七年前の心中の
いきさつを語り
姫こそは白菊丸の
生まれ変わり
だと打ち明け
夫婦になれぬのなら
一緒に死んでくれと
出刃包丁を
振り上げる
いっしょに死んでくれ白菊！
あ〜れ〜
もみあう拍子に
墓穴へ落ちた
清玄のノドに
出刃がぐさっ★

最悪の成りゆきに
ひたすらおびえて
帰ってきた権助に
すがりつく桜姫
きゃ〜っまた出たっ!!
？
いつのまにか
権助の顔には
清玄と同じ
ような痣が
できている
話をつけてきたぜ

毒喰わば皿まで！
きりっ！
居直った桜姫の
あとを追っていく
清玄の霊
まっちくり〜ひとりじゃ心細いよ〜ん
おらぁお姫からはなれやしねぇよ。

浅草寺近くの
山の宿町《しゅくまち》の長屋――

桜姫を売った金で
家主の株を買った権助が
大家《おおや》に納まっているが
相変わらず金のためなら
悪いこともヘイのチャラ

今日も今日とて
連れてこられた捨て子が
長屋の住人・有明仙太郎《ありあけせんたろう》の
捨てたものとニランで
口止め料をユスリ
金ができるまでのカタにと
女房を取り上げるあくどさ

実は有明仙太郎は
もと吉田家の家臣の
粟津七郎《あわづしちろう》の仮の姿
女房の葛飾のお十も
同じく吉田家の
奴《やっこ》・軍助《ぐんすけ》の妹

陰ながら姫を助けようと
夫婦者になりすまし
長屋に入り込んだのだが
権助と同じ彫物が
信夫《しのぶ》の惣太《そうた》と呼ばれる
盗賊にもあると聞いたうえ
お十が以前あずかった子が
権助と姫の赤ん坊とわかり
吉田家再興のジャマになるのを
恐れて捨て子にしたところ
めぐる因果か因縁か元の長屋に
戻ってきてしまったのでアル

そんなところへ
女郎に売られた桜姫が
見世《みせ》から戻ってくる

教育(?)のかいあって
すっかり女郎らしさが
身についたものの
やはりどんなに
下品にふるまっても
抜けきれない
お姫さまらしさと
腕の彫物から
風鈴《ふうりん》お姫と異名《いみょう》を
とる売れっ妓《こ》に
なっていたが

わ〜っ
出たっ!!
あら
引っ込んだ
いつからか
その枕元に化け物が
出るという噂が広まり
見世を替わっても
ついてくるので
気味悪がった客が
寄りつかなくなったため
返されてきたのだった
金がないなら
姫を夜鷹《ストリートガール》にしてでも
稼いでもらおうと
詰め寄られた権助は
ずーずーしくも
お十に身代わりを
頼み込む
悪いが
お姫のかわりに…
よござんす!
いさぎよく引き受けた
お十を送り出し
久しぶりに姫を抱き寄せて
化け物の話を聞く権助
化け物の話は
よしてたも!♡
いっそ
タタッ切っちまえば
いいじゃねェか
これでも元は侍だと
刀を取り出して姫に渡す
侍だった頃の
刀だ
名作モノじゃあ
ねえが
すてきに切れるぜ
権助が大家の
寄り合いに
出かけたあと
またもや清玄の
亡霊が出現
早う
帰ってたも
ちょっと
行って
くるぜ

あの〜…
こう たびたびじゃあ こわかァねェよ
今では度胸もすわって
タンカを切る桜姫に亡霊は
赤ん坊が姫と権助の子であること
権助が幼いころに別れた清玄の
実の弟であることを告げて消える

わが子で あったか 母を許して たも
お姫や 帰ったぞ〜
赤ん坊をヒシと抱きしめ
再会の涙にくれているところへ
ゴキゲンに酔った権助が
帰ってきて
じゃれつく拍子に
落とした密書から
侍の時の権助の名が
信夫の惣太と知れる
ういっく…
これは悪五郎の密書！

気の大きくなった権助は
都鳥の一巻を取り出し
今にこれで出世してやると
大見得を切ったあげく
手に入れたいきさつまで
しゃべってしまう
今にこの巻物で 出世してやるさ
さては権助こそ
父と弟の仇《かたき》で
あったかと
おどろく桜姫
都鳥の 一巻！
さすがに
口がすべったと気づいた権助は
みんなウソだと言いながら
酔いつぶれてしまう

真相を知った桜姫は吉田家の息女としての自覚がよみがえり苦悩の末に仇・権助の血をひく我が子を刺し殺しついで権助を討ち取るが
くわ〜
許してたも
ぐわわ…
お十はやく姫君を！
騒ぎを聞きつけた追手にかこまれあわやのところを駆けつけたお十たちに助けられる
姫さまこちらへ！
父と弟の仇を討ち都鳥の一巻も無事取り戻したうえからは吉田家の再興も叶《かな》い桜姫はじめ駆けつけた松若と家臣たちはいままでの苦労も忘れて喜び合うのだった
局《つぼね》田毎《たごと》
大友常陸之助頼国
松若
粟津七郎

ちょっと幕間　春

波瀾万丈《はらんばんじょう》・奇想天外《きそうてんがい》・荒唐無稽《こうとうむけい》な娯楽大作♡

かつての孝《たか》・玉《たま》コンビこと片岡孝夫《かたおかたかお》（現・十五代片岡仁左衛門）＆坂東玉三郎《ばんどうたまさぶろう》の当たり役♡　ドラマティックと荒唐《こうとう》無稽《むけい》が売り物の歌舞伎でも、これほど話が現実離れしてる演目はめずらしいのに不思議と違和感はないのです。この芝居のおもしろさは現実では絶対にありえないストーリー展開にあるのですから——

高貴な身分の姫君が悪党に恋をして、コッソリ子供は生むわ彫物はするわ女郎にはなるわなんて聞いただけでもゾクゾクしてきませんか？　さすが町人文化の爛熟《らんじゅく》期につくられただけあって倒錯《とうさく》美・頽廃《たいはい》美・官能《かんのう》美が凝縮された舞台には麻薬的魅力がありますな〜。これはもう理屈も説明もいりまへん、スナオに芝居に浸りきっておくれやす。

——てなワケにはいかんか★やっぱいちおう説明は入れとかんと——

見せ場はもちろん盛り沢山、冒頭の心中シーンから楽しませてくれます。これもめずらしいオープニングで幕開き早々に主要人物《メインキャラ》がストーリー進行上の重要なシーンを見せるなんてことはメッタにないんですけどねー。劇場へ行った経験のある人ならわかると思いますが、芝居が始まってもしばらくは開幕前のおしゃべりが終わりきらなかったり遅れた客が入ってきたりでなんとなくザワザワしてるモンなので、それが静まるまであまり重要でない役の人が出てきて内容説明的なセリフなんかをしゃべるというのが一般的な始まりかたなのですよ。(だからって安心して遅れて行くんじゃねーぞっ！いきなり話の始まる芝居もあるんだからなーっっ！)

それから桜姫と権助の濃厚な色模様《ラブシーン》・凄惨な殺し場・思いがけない運命の変転などなど…なかでも一番ウケるのが後半の女性最高位の姫君から最低の境遇の女郎へと変身する意外性と、蓮《はす》っ葉《ぱ》な仕草《しぐさ》や言葉遣いのなかにフトにじみ出てしまう育ちの良さがチグハグなおかしみを誘う場面。高貴な生まれはかくせないってコトなんでしょーが、悪党との恋に走る奔放な性格から察すると、けっこう女郎の素質はあったりして…？

相手役の権助と清玄は人格高潔な高僧と金儲けのためなら人殺しでもやるならず者との対照的な役柄が見どころです。マジメな優等生より粋《イキ》で不良っぽい男にひかれるのは女の性《さが》なんてよく言うけど、現代なら三高の清玄サンのほうがモテたりしてね。

ともかくこの芝居は浸りきれなきゃどーしょーもないので、できるだけ美男美女に演じていただきたいモンですね～♡

四《し》の切《きり》

義経千本桜《よしつねせんぼんざくら》・川連法眼館《かわつらほうげんやかた》の場

そこへ
またもや忠信が
静とともども
到着したと
知らせがくる
??
ただいま
静さまが
忠信さまと
ご到着!
首をひねる
一同をよそに
恋しい義経に
会えた静は
思わずかけ寄り
嬉し泣き♡
おなつかしや
わが
君さま
ところが一緒に来たはずの
忠信が消え失せたという
静御前

ふしぎなことも
あるものと静に
供《とも》をしてきた忠信に
あやしいところは
なかったかと聞けば
あやしき
ことあらば
その刀で
うちとるべし
旅の途中
姿を消そうが
はぐれようが
初音《はつね》の鼓《つづみ》をうてば
たちどころに
あらわれたという
かしこまり
ました
義経は消えた忠信の調査は
静にまかせて自分は
もう一人のほうの忠信を
取り調べようと奥へ引っ込む

ひとりになった静が
初音の鼓をうちはじめると
いつの間にか忠信があらわれ
鼓の音《ね》に聞き入っている
ポン
ポン
ポン
これぞニセモノ!
と斬りかかる静
忠信
やらぬ!

ニセ忠信も
本物に迷惑が
かかってはと
正体をあかす
本物の
忠信どのが
あらわれては
しかたござり
ませぬ
わたくしは
その鼓の子で
ござります
でれん
狐忠信

孝行をしたい
ときには
親はなし
しかたなく
せめて両親の皮で
つくられた鼓を慕《した》い
静御前のお供を
してきたものの
本物の忠信が
あらわれては
もうそばにいる
わけにはいかないと
しおれる子狐

両親に死に別れ
実の兄にも疎《うと》まれた
義経には
ひたすら両親を慕う
子狐の気持ちが
よくわかった
静
呼び戻せ
コリャ
親子の別れを
悲しんで
つづみも音《ね》を
とめしか
けだものとはいえ
親子の情愛の深さに
もらい泣きする
義経と静
孝心の
あつきに賞《め》で
汝《なんじ》にこれを
得《え》さするぞ

まぁ子狐の喜びようといったら！
わーい
わーい
鼓を抱きしめ飛ぶわ跳《は》ねるわじゃれつくわ……
ポンポン
ポンポン
鼓もその音を響かせて一山の悪僧《あくそう》たちが館を夜討ちにしようとしていることを教える
あっちだ
こっちだ
鼓のうえに源九郎《げんくろう》の名前までもらって大喜びの子狐はせめてものご恩返しにと得意の神通力《じんつうりき》で悪僧たちをさんざんに化かし
そっちだ
やがて義経と静に感謝しつつ鼓をしっかと抱《だ》きかかえ嬉しげに天空高く飛び去っていくのでありました

ちょっと幕間　春

あれは何だ!? 鳥だ! 飛行機だ! 源九郎狐だ!!

正確には『義経千本桜《よしつねせんぼんざくら》』のうちの『川《かわ》連法眼館《つらほうげんやかた》の場』と申しますが十数年前に市川猿之助《いちかわえんのすけ》が〝宙乗《ちゅうの》り〟を復活して以来、歌舞伎を観たことのない人でも題名は知っているというほど人気のある演目のひとつです。主役が狐ということで神通力を見せるためのいろいろな仕掛けが楽しい見せ場なのはもちろんですが、なんといっても一番の見せ場は正体をあらわした子狐が両親の皮でつくられた鼓を慕う気持ちを切々と訴える場面でしょう。

前にナニカで読んだか聞いたかしたのですがこの芝居のテーマは『愛』だそうで、言われてみれば恋愛・夫婦愛・主従愛・兄弟愛・そして親子愛――いろんな愛のパターンが各幕ごとに展開されていますねー。ここでは主役が人間界の欲望や愛憎の確執と無縁なケダモノであるだけに、その情愛の一途さ純粋さがクローズアップされて哀れさに心をしめつけられます。（役者サンは動きの激しい演技のあとで狐独特の特別な息づかいをしながら話さなければならないため苦しさに心臓がしめつけられるようだそーです）

ラストの子狐が帰っていくシーンでは宙乗りのホカにも〝狐六法《きつねろっぽう》〟というピョンピョン狐が跳ねるような動作で花道を引っ込む。立木に登って見得をきる。などの型がありますが、これはこれでナカナカ良きものでゴザイマス。

（源九郎狐の引っ込み ア・ラ・カルト）
『宙乗り』
江戸時代にすでにあった
演出だそーで 近年市川猿之助
によって復活された

『狐六法』
"宙乗り"がハヤル前は
ほとんどコレだった
ちなみに外国公演の時は
'フォックス・トロット'と
呼ばれたそーだ
他に名称は
知らんけど
こんなんも
あった。
この枝が
上に
あがる

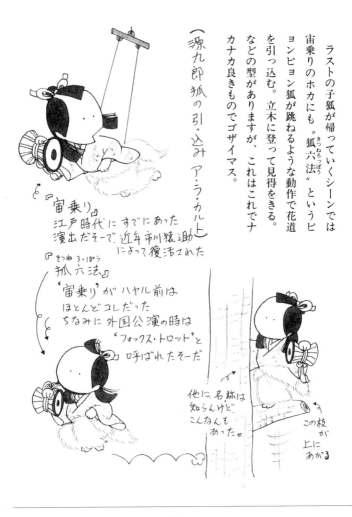

鼓をうつ静の前に
どこからともなく
狐の忠信があらわれる
「三段《さんだん》」と呼ばれるしかけ
ポ〜ン
糸
狐があらわれる
瞬間花道の
揚幕から
出《で》があるよっ!!
揚幕《あげまく》
と、大声がかかり、観客がつい
そちらを見たとたん本舞台の
三段がひっくりかえって アッと
思った時には狐がちんまり座って
いるとゆーダンドリ。
くりん

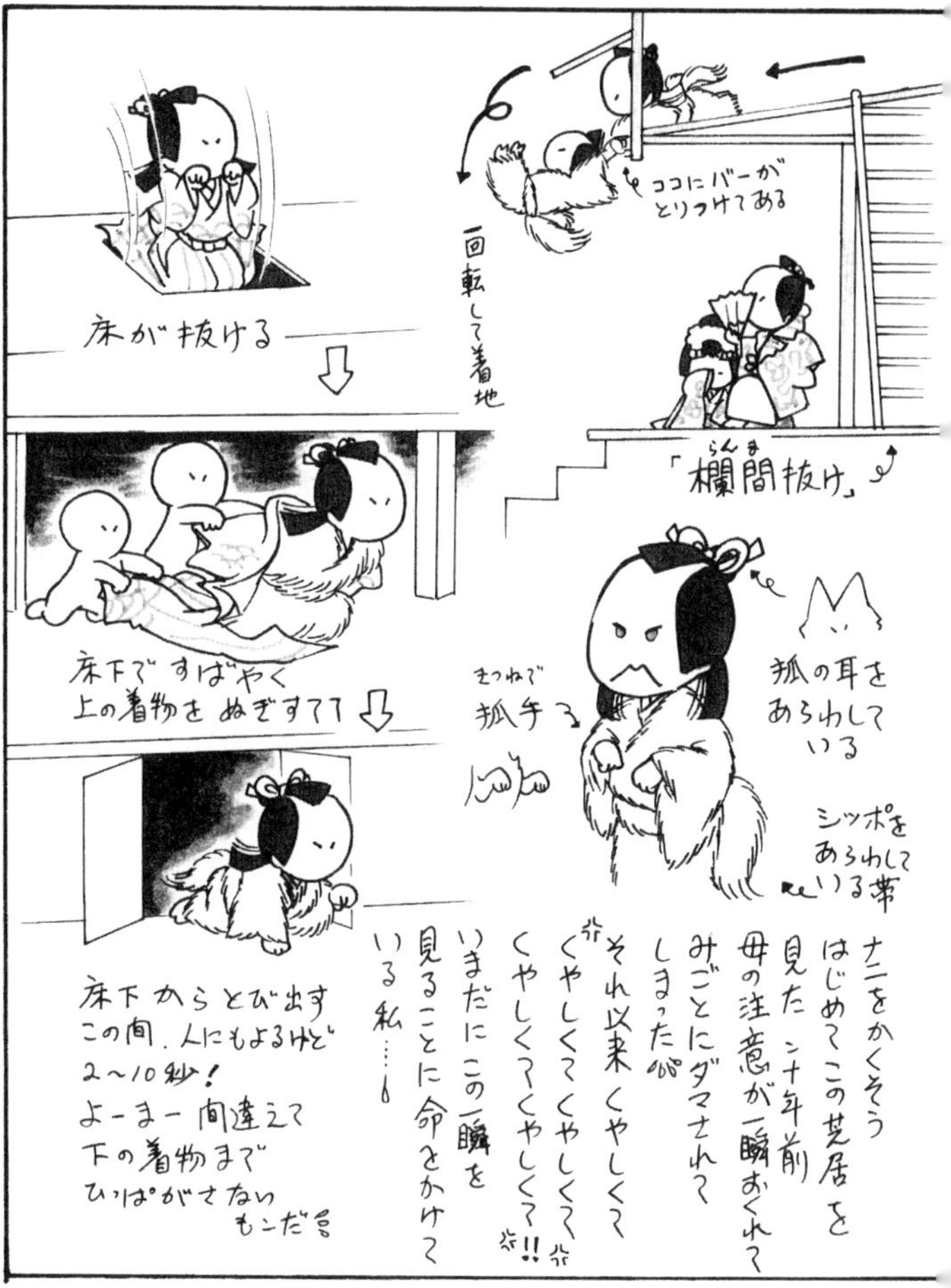

床が抜ける
床下ですばやく
上の着物をぬぎすてて
床下からとび出す
この間、人にもよるけど
2～10秒！
よーまー間違えて
下の着物まで
ひっぱがさないもんだ
一回転して着地
ココにバーが
とりつけてある
「欄間《らんま》抜け」
狐の耳を
あらわしている
きつねで
狐手
シッポを
あらわしている帯
ナニをかくそう
はじめてこの芝居を
見た二十年前
母の注意が一瞬おくれて
みごとにダマされて
しまったが
それ以来くやしくて
くやしくてくやしくて
くやしくてくやしくて!!
いまだにこの一瞬を
見ることに命をかけて
いる私……

め組《ぐみ》の喧嘩《けんか》

神恵和合取組《かみのめぐみわごうのとりくみ》

今日は初春七草《はつはるななくさ》の晩
どんちゃん
どんちゃん
品川の遊廓《ゆうかく》・島崎楼《しまざきろう》では
江戸留守居役《えどるすいやく》の侍が
贔屓《ひいき》にしている角力取《すもうと》りの
四ツ車《よつぐるま》たちを呼び寄せ
飲めや唄えや踊れやと
障子もはずれる大さわぎ

ところが
となりの部屋に
角力と仲の悪い
町火消が
来ていたから大変
あわや大ゲンカ
め組の鳶頭《とびがしら》・辰五郎《たつごろう》が
仲裁に入ってなんとか
その場を収《おさ》めるが
ムッ
四ツ車
辰五郎

大名の贔屓を
カサに着た四ツ車に
ハジをかかされ
がまんしきれず
帰り道で待ち伏せる
が
うちそこねて
逃げるひょうしに
煙草《たばこ》入れを落とし
たまたま通りかかった
この界隈《かいわい》の親分で
辰五郎の兄貴分でもある
焚出《たきだ》しの喜三郎《きさぶろう》に拾われる
喜三郎

それから三月後――
四ツ車たちと
め組の若い者との間は
ますます
険悪になるが
犬猿の仲の図

角力取りとのたびかさなる
ケンカ沙汰《ざた》にも腰をあげようと
しない意気地なしと辰五郎に
愛想づかしする女房のお仲《なか》
辰五郎の名はすたったぞや
このマトイに恥ずかしくないかえ!?
女房・お仲
倅・又八
実は角力を楽しみにしている
見物衆に迷惑がかからぬよう
場所の終わる日を待っていたのだと
うちあける辰五郎

女房・倅とそれとなく
別れの水盃《みずさかずき》をかわし
ケンカじたくをととのえ
め組の連中をひきいて
角力場めざしてまっしぐら
わ〜〜〜っ!!

いっぽう角力取りたちも
いち早く情報をキャッチ
ずらっ…
負けるものかと
迎えうつ
さぁ
いよいよ
世紀の
大ゲンカの
開始ゴングが
鳴り響く!!
ぶんっ!
きゃははは
どすこいっ
破壊力バツグンの
超重量級《ヘビー》・角力組が
勝つか!?
こちょ
こちょ
こちょ
フットワークと
チームワーク最高の
軽量級《フェザー》・町火消組が
勝つか!?

この大乱闘のど真ん中へ
飛び込んできたのが
焚出しの喜三郎
寺社《じしゃ》奉行と町奉行
両方の法被《はっぴ》を羽織り
これ以上ケンカを続けるなら
まず自分を殺してからにしろと
タンカをきる
四ツ車たちは
角力を管理する
寺社奉行の法被に
手が出せず
両方とも
このハッピに
めんじて
手を引いて
くんねえ！
辰五郎たちは
町火消を管理する
町奉行の法被に
手が出せない
いよ〜っ
シャン
シャン
シャン♪
喜三郎の決死の説得に
やむなく両者とも手を引き
さしもの大ゲンカも
めでたく収まったのだった

ちょっと幕間　春

無差別級スーパーバトル場外乱闘は迫力満点

ひとくちに火消しと言っても種類がいくつかありまして〝鳶《とび》の者《もの》〟と呼ぶのは時代劇でおなじみの〝いろは四十七組〟の町火消のことです。ほかに幕府が管理していた〝定火消《じょうびけし》〟〝大名火消〟〝方角火消〟がありましたが、なかでも〝ガエン〟と呼ばれる定火消は乱暴者ぞろいでオドシやユスリまがいのことをする者も多かったため庶民に恐れ嫌われていたそうです。

　当時の消化方法は火を消すというより火のまわりの建物をたたきこわしてそれ以上火の勢いが広がらないようにするという荒っぽいモノでしたから必然的に腕っぷしが強く身が軽く度胸がよくないと勤まらないというワケで、町火消は火事の多かった江戸時代の庶民のあこがれのマトのスーパースター的存在でした。

角力取り役の
着ているぬいぐるみ
みたいなのは
肉襦袢《にくじゅばん》（着肉《きにく》）と
言います
太って見せる役の
ホカにも彫物《ほりもの》や
隈取《くまどり》を描いた
ものがあります。
でも、やっぱり
おスモウさんのが
一番ラブリー♡
指の先まで
ついたのもアル

その火消しと人気を二分していたのが角力取りで〝一年を二十日《はつか》で暮らすいい男〟と言われていたようにこの頃の角力は一場所十日間で一年に二場所しかなかったにもかかわらず充分やっていけたと言いますから人気のほどがわかろうってモンですねー。（巡業はありましたが）

特に武勇をホマレとする大名たちは競って角力取りの贔屓《スポンサー》になり、やがて〝抱《かかえ》力士《りきし》〟として家来なみに扶持《ふち》を受け刀を差すことまで許可されますが、この二大アイドル同士はどーもあんまり仲がよくなかったようです。この芝居でも大ゲンカのシーンが出てきますが、小型戦闘機タイプの火消したちと重戦車タイプの角力取りたちとの対照的なケンカぶりが楽しい見せ場のひとつになっています。

河内山宗俊《こうちやまそうしゅん》

天衣紛上野初花《くもにまごううえののはつはな》

練塀小路《ねりべいこうじ》に住む河内山宗俊《こうちやまそうしゅん》は
江戸城勤めの御数寄屋坊主《おすきやぼうず》だが
その身分を利用してイロイロ
悪いこともやっている
とんでもないヤツ
紀州家より拝領したこの木刀で五十両貸してくれい
今日も今日とて
下谷長者町《したやちょうじゃまち》の質屋・上州屋《じょうしゅうや》へ
木刀をカタに五十両貸せと
ムチャクチャを言ってくる
河内山
番頭

ところが
上州屋では
難問を抱えて
親族会議の
まっ最中
ことわりに出た
女主人のおまきに
わけを聞くと――
跡取り娘のお藤《ふじ》は
行儀見習いのため
松江出雲守《まつえいずものかみ》の屋敷で
浪路《なみじ》という名で
腰元奉公をしていたが
殿様の松江侯《まつえこう》に気に入られ
妾《めかけ》に上げよと言われた
女主人おまき
お藤こと浪路
松江侯

こりゃ言うことさ聞けっ
あわてて結婚を理由に
退職願いを出したものの
聞き入れられないばかりか
娘は一間《ひとま》に押し込められて
もう死ぬ覚悟でいるという
ワルではあるが
けっこう
侠気《おとこぎ》もある
河内山
いい金もうけと
ばかりに
二百両で娘を
取り戻して
やろうと
申し出る
どん！
和泉屋清兵衛

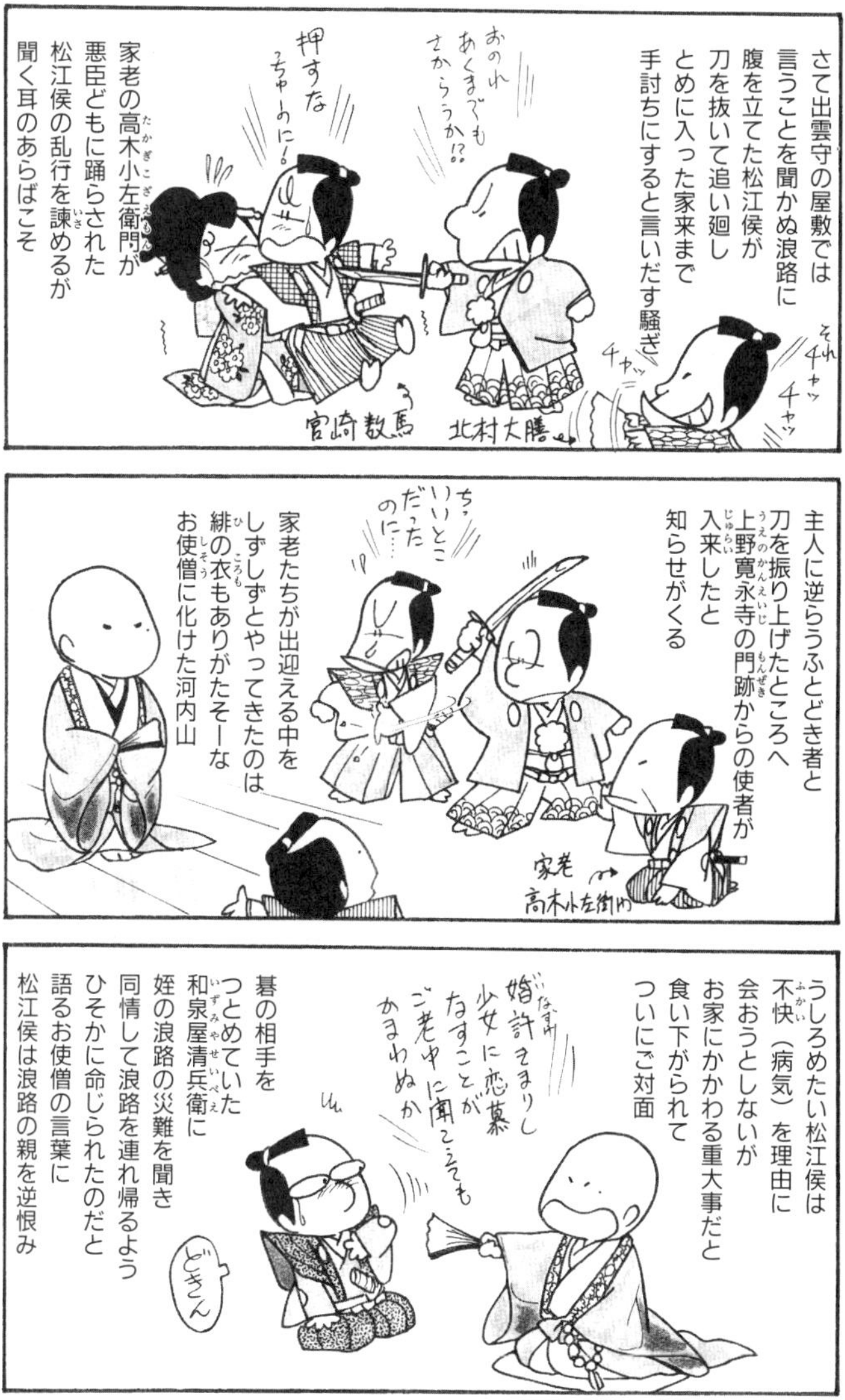
さて出雲守の屋敷では
言うことを聞かぬ浪路に
腹を立てた松江侯が
刀を抜いて追い廻し
とめに入った家来まで
手討ちにすると言いだす騒ぎ
それ チャッ チャッ
チャッ
北村大膳
おのれ あくまでも さからうか!?
押すな ちゅーのに!
宮崎数馬
家老の高木小左衛門《たかぎこざえもん》が
悪臣どもに踊らされた
松江侯の乱行を諫《いさ》めるが
聞く耳のあらばこそ
主人に逆らうふとどき者と
刀を振り上げたところへ
上野寛永寺《うえのかんえいじ》の門跡《もんぜき》からの使者が
入来《じゅらい》したと
知らせがくる
家老 高木小左衛門
ち、いいとこ だった のに…
家老たちが出迎える中を
しずしずとやってきたのは
緋《ひ》の衣《ころも》もありがたそーな
お使僧《しそう》に化けた河内山
うしろめたい松江侯は
不快《ふかい》（病気）を理由に
会おうとしないが
お家にかかわる重大事だと
食い下がられて
ついにご対面
婚許《いいなずけ》きまりし 少女に恋慕 なすことが ご老中に聞こえても かまわぬか
どきん
碁の相手を
つとめていた
和泉屋清兵衛《いずみやせいべえ》に
姪の浪路の災難を聞き
同情して浪路を連れ帰るよう
ひそかに命じられたのだと
語るお使僧の言葉に
松江侯は浪路の親を逆恨み

家《いえ》の掟《おきて》が立たぬと
引き渡しを拒《こば》むが
ことの次第を老中《ろうじゅう》に
進言すると脅《おど》しをかけられ
ついに承知させられる
ぐぞ〜〜…
シブシブながら浪路を渡し
家来にもてなしを命じて
ムカッ腹で引っ込む松江侯

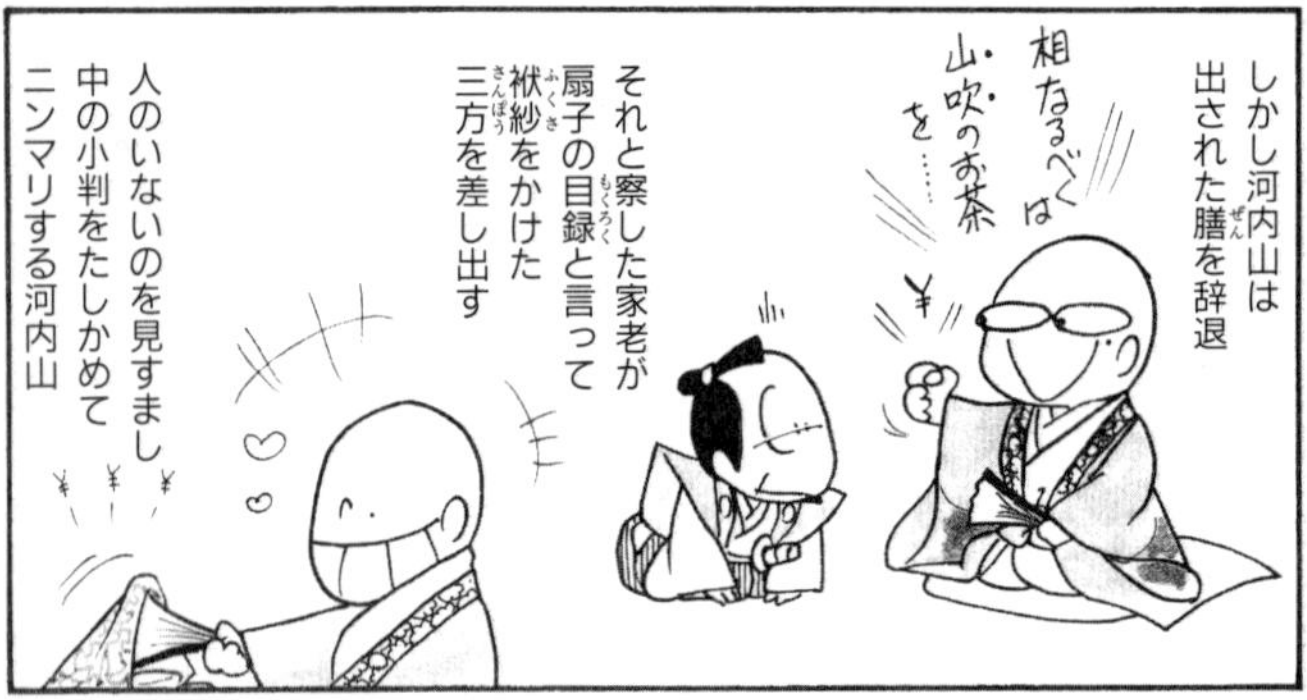
しかし河内山は
出された膳《ぜん》を辞退
相なるべくは
山吹のお茶
を……
それと察した家老が
扇子の目録《もくろく》と言って
袱紗《ふくさ》をかけた
三方《さんぼう》を差し出す
人のいないのを見すまし
中の小判をたしかめて
ニンマリする河内山

もらうものはもらったし
長居は無用と帰りかかった
ところを重役の北村大膳《きたむらだいぜん》が
呼び止める
まことは
お数寄屋
坊主の
河内山
のがれぬ証拠は
高頬《たかほ》のホクロ！
大膳はそれを
知っていたのか
左頬のホクロを証拠に
御数寄屋坊主の河内山だと
見破られるが

悪に強きは善にもと
親のなげきがふびんさに
娘の命を助けるため
宮の使いといつわった
河内は
ご直参《じきさん》だ
大名ふぜいに
この首が
落とせるものなら
落としてみろ!
あくまで強気の河内山
騙《かた》りだといって突き出すか
お使僧として見逃すかと
胸のすくような名タンカ!

舌先三寸で
地獄へ
つれていって
やる
わが君の
命令じゃ
ひかえいっ!
間へ割って入った家老は
騙りに引っかかったと
世間に知れれば松江家の恥
寛永寺の使者として
帰すのが上策《じょうさく》と
大膳を押しとどめる
この上はともに
内聞に…
しからば
このまま帰っても
苦しゅうござらぬか

かくて河内山はふたたび
お使僧になりすまし
出雲守に
ばかめぇ!!
と小気味よい
ひとことを浴びせかけ
悠々《ゆうゆう》と引き上げて
いくのでありました

ちょっと幕間　春

悪党には悪党の仁義ってモンがあるんだぜィ

『雪暮夜入谷畦道《ゆきのゆうべいりやのあぜみち》』のところでも書きましたとおり『天衣紛上野初花《くもにまごううえののはつはな》』という通し狂言のうちのひと幕ですが、芝居としての歴史はワリと新しく明治時代に講釈の『天保六花選《てんぽうろっかせん》』をモトにしてできたものです。そのせいかどーか知りませんが歌舞伎特有の複雑なお家騒動とかドロドロした親子兄弟主従の因果因縁話などが少なく、メインの悪党たちもあっさりカラリと描かれているようです。

　題名の〝六花選〟というのは和歌の六歌仙をシャレたもので天保時代に活躍した悪党の親玉格の河内山《こうちやま》をはじめとする片岡直次郎《かたおかなおじろう》・三千歳《みちとせ》・金子市之丞《かねこいちのじょう》・暗闇《くらやみ》の丑松《うしまつ》・森田清蔵《もりたせいぞう》の六人をあてはめてあります。もっとも悪党とは言っても状況次第では弱きを助け強きをくじく侠気《おとこぎ》も持ちあわせているようですが、本質的にはやはり無頼漢《アウトロー》なのだと思いますねー。通しで上演されることはめったになくて『河内山宗俊』か『雪暮夜入谷畦道』の独立上演というのが多いようです。

　さて見どころですが、なんといっても松江邸《まつえてい》玄関先で切る啖呵《タンカ》でしょーな〜。

カタリがバレて手討ちにされるかどうかという状態なのに恐れ入るどころか逆に居直って相手（権力者）をやり込める、という爽快感が観客に大ウケしたのですが、なぜ松江侯は手出しできなかったのかと申しますと、ソモソモ御数寄屋《おすきや》坊主というのは江戸城に勤務する大名にお茶を出す係で、しぜん各大名家の内情などを耳にすることも多いうえ幕府のお偉いサンとジカに口がきける機会もあったりするので身分は低くても怖がられていました。おまけに若年寄が管理する将軍直属の家来なので大名といえども勝手に処罰するわけにいかず、かといって訴え出れば殿様のご乱行もバレて罰をくらうのは目に見えているという事情だったので、そのへんを計算しつくした河内山の作戦勝ち〜！　というところでしょーか。

それにしても当時の上野寛永寺の門跡《もんぜき》といえば代々天皇家の血筋のものが就任することになっていて将軍と同等のあつかいだったと言いますから、そんなお偉いサンの名をカタッたことが幕府にバレたら打ち首獄門は間違いなし！　まったくいい度胸してますワ。

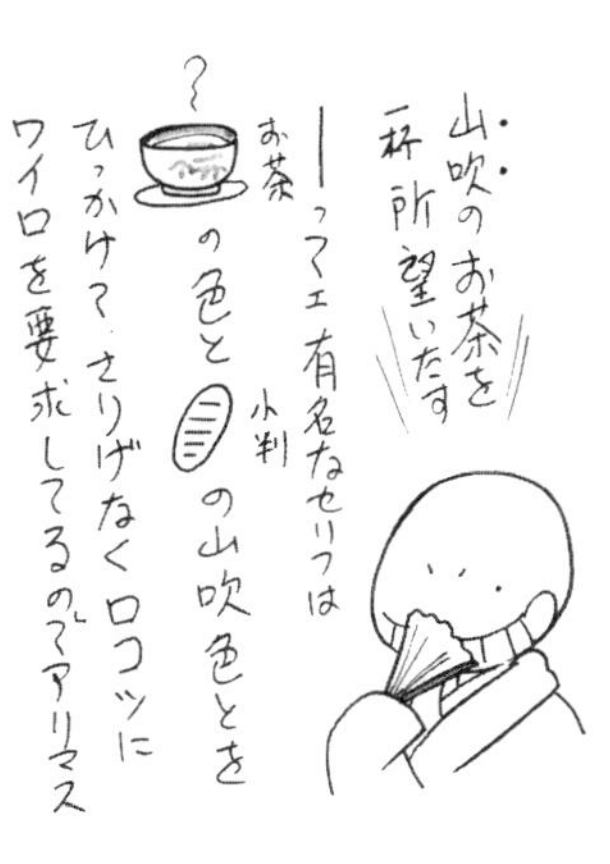
山吹のお茶を
一杯所望いたす
ーってェ有名なセリフは
お茶の色と小判の山吹色とを
ひっかけて さりげなくロコツに
ワイロを要求してるのでアリマス

●幕間

『まくあい』と読みます。ひらたく言えば芝居の休憩時間のことで、4～5時間の上演時間中に5～30分くらいずつ3～4回ほどありまして、この間に食事したり一服したり買い物したりトイレへ行ったりするわけです。しかし、時にはこの時間内に用事をこなしきれず、次の舞台の幕が開いてしまってから買い物袋の音などガサガサさせながら（劇場の売店でこのヤカマシイ袋を渡すというのが、そもそも信じらんない！　なにか解決策はないの!?）悠々とご着席あそばすお方もいるよーで‥‥困ったモンです。

せめて体をかがめて入ってこいっっ!!

●黒衣

『くろご』とか『くろこ』とか呼ばれている、マックロクロづくめで舞台にあらわれる登場人物以外の人のことです。主な役目は俳優に小道具を渡したり受け取ったり用のすんだモノや人を片づけたりという、裏方《うらかた》サンが表に出てきたよーなモンですが、裏方ですからと一ぜん観客に見えてはいけないワケで、しかし俳優の手助けはしなければならないワケで‥‥というこの難問を昔の人はどう解決したかというと“黒衣は舞台にいても見えないものとする”という暗黙《あんもく》の了解《りようかい》をつくりあげちゃったんですねー。なんともおおらかと言うかおおざっぱと言うか――それとも発想の転換と言うのかしらん？

初がつを半身《はんみ》奪《と》ったが留守盗《と》られ（髪結新三）

髪結新三《かみゆいしんざ》

梅雨小袖昔八丈《つゆこそでむかしはちじょう》

材木商・白子《しらこ》屋のひとり娘お熊《くま》は
世間でも評判の美人だが
商売はうまくいかんわ
父親は急死するわの災難続きで
店の借金の五百両を返すため
持参金つきの婿《むこ》を
迎えなければ
ならなくなった
ムコつきの
持参金…
じゃない
持参金つきの
ムコですよ
写真
おみあい
お熊
お常

前々から
皆に内緒で
店の手代《てだい》の
忠七《ちゅうしち》と
恋愛中の
お熊は
ホカの男と
結婚する
くらいなら
いっそ連れて
逃げてくれと
忠七に
泣きすがる
たとえ親不孝に
なろうとも
連れて逃げて
たもらのう
はてさて
困ったこと
じゃねえ
忠七
はじめは主人の娘と奉公人《ほうこうにん》では
結ばれるはずもないあきらめて
店のため母親のため祝言をあげるよう
言い聞かせる忠七だったが
新三

いっそ
かけおち
しなせえ
このようすをコッソリ聞いていた
出入りの髪結《かみゆ》い職人の新三《しんざ》に
言葉たくみにそそのかされて
ついに駆《か》け落《お》ちを決意する
ところが
その夜ひそかに
駕篭《かご》で連れだした
お熊を自分の家に
送り込んだとたん
ガラリと態度の
かわった新三
ありゃ
オレの
女だ

だまされたと
知って
立ち向かって
くる
忠七を
さんざん
打ち叩き
言いたい
ほーだいの
悪口を
あびせて
逃げ去って
しまう
お得意先
なればこそ
うぬのような
間抜け野郎にも
上手を言うのだ
自分の軽はずみを
悔やむ忠七だが
もう遅い
せめてものお詫びに
川へ身を投げようとしたところを
通りかかったこのあたりの親分
弥太五郎《やたごろう》源七《げんしち》にとめられる
源七
その翌日——
お熊を戸棚に監禁した新三は
いい金づるを手に入れたとばかり
前祝いに初ガツオを買ってゴキゲン
そこへ
白子屋に頼まれた
源七が訪ねてきて
十両さしだし
お熊を返せと
掛け合うが
てめえたちに
おどされて
さらった娘を
帰すような
新三と思うか
金をたたき返し
タンカを切る新三
善七
勝奴

面目《めんぼく》をつぶされて
カッとしたものの
事件を
表沙汰《おもてざた》にしては
白子屋の名前と
娘の将来に
キズがつくと
グッとこらえて
ひきあげる源七
ケッ
いやなおじさん！
指をくわえて帰《けえ》るとしようか
長兵衛女房おかく
源七を
案内してきた
善七《ぜんしち》が
困りきって
いるところへ
大家《おおや》の長兵衛《ちょうべえ》が
お熊を取り戻して
やろうと申し出る
ナカナカ
どうして
新三と
いい勝負の
性格をして
おりますナ
きっとお礼はあとでしっかり…
なにごとも金《かね》づくだからねェ
長兵衛
髪結い見習いの下剃《したぞ》り・勝奴《かつやっこ》を相手に
酒盛りをしている新三のところへ
やってきた長兵衛は三十両で
お熊を返してやれと説得
獄中《なか》へ行って入墨《いれずみ》もした上総無宿の新三だ
家主の前でかくすべき入墨をじまんする奴があるものか！
またタンカを
切って
追い返そうと
するが
逆に切りかえ
されて
グーの音も
でない新三
シブシブ
三十両で
お熊を
返すことを
承知する
十両と五両で十五両
カツオは半分もらったよ
カツオも金も半分もらっていくという意味じゃござんせんか？
おまえさん家賃もだいぶたまってますよ
ところが一枚うわ手の長兵衛
手間賃にと十五両をピンハネしたうえ
たまっている家賃の二両と
カツオまで半分せしめていく

意気揚々と帰りかけたところへ家にドロボーが入ったと知らせがくる
いっ!?
大家さんのところにドロボーが……
それでもカツオの半身は忘れない
ざまー
かんかん
大あわてで駆《か》け戻《もど》る長兵衛の姿にようやく溜飲《りゅういん》を下げる新三と勝奴
さあおさまらないのは弥太五郎源七
新三が源七をやりこめた話が広まったため新三の株があがるのと反比例して源七の評判は下がるいっぽう
ある日の晩賭場《とば》の帰りを待ち伏せして斬りあいのすえついに新三は源七の恨みの刃《やいば》に倒れるのだった

ちょっと　幕間　夏

ワルの世界でも亀の甲より年の功！ですナ〜

歌舞伎には能と同じく人情噺をモトにした作品というのもけっこうありますが、この『髪結新三《かみゆいしんざ》』もそのひとつで明治のはじめの噺『白子屋政談《しらこやせいだん》』を河竹黙阿弥《かわたけもくあみ》が脚色、初演されました。ちなみに本題は『梅雨小袖昔八丈《つゆこそでむかしはちじょう》』と申します。

昔はご存じのとおり男女を問わず髪を結っておりまして、女は自分で結うのが普通でしたが、男は〝髪結い〟という専門職に結ってもらっておりました。これにも髪結いの店へ客が行く〝髪結床《かみゆいどこ》〟と各家を髪結いが廻っていく〝廻《まわ》り髪結《かみゆい》〟の二種類があって、この話の主人公の新三は〝廻り髪結〟のほうです。髪を結ってもらっている間はたいがい手持ち無沙汰なモンですから世間話やウワサ話などするのも楽しみのひとつだったようで、そういう髪結床の客の話を書いた本が式《しき》亭三馬《ていさんば》の〝浮世床《うきよどこ》〟でアリマス。

まぁそれは関係ないので置いといて、とにかくいろんな家の事情を知る機会の多い廻り髪結を主人公にしたのはいいアイデアでしたねー。今ならテレビドラマでシリーズ化されてるトコだろーな～。『髪結新三・悪事帖』なんちって……♡

――いや、だからこれは関係ないんだってば！――

え～、見せ場にまいりましょ。まず本性をあらわした新三が忠七を打ちのめす『永代橋川端の場』源七とわたりあい大家にやり込められる『新三内の場』源七の闇討ちにあう『閻魔堂《えんまどう》の場』などなどさすが〝噺〟がモトだけあってどれもタンカがキマッてますねー。特に新三の上をいく強欲大家とのやりとりは爆笑モノ、ワルとはいってもしょせん小悪党にすぎない新三のキャラクターをうまく表現した楽しい場面です。あとで出てくる『夏《なつ》祭浪花鑑《まつりなにわかがみ》』は大阪の夏ですが、これは江戸の夏の話で『新三内の場』などは当時の下町の初夏の雰囲気と江戸っ子のイナセな気分にタップリひたれますヨ。

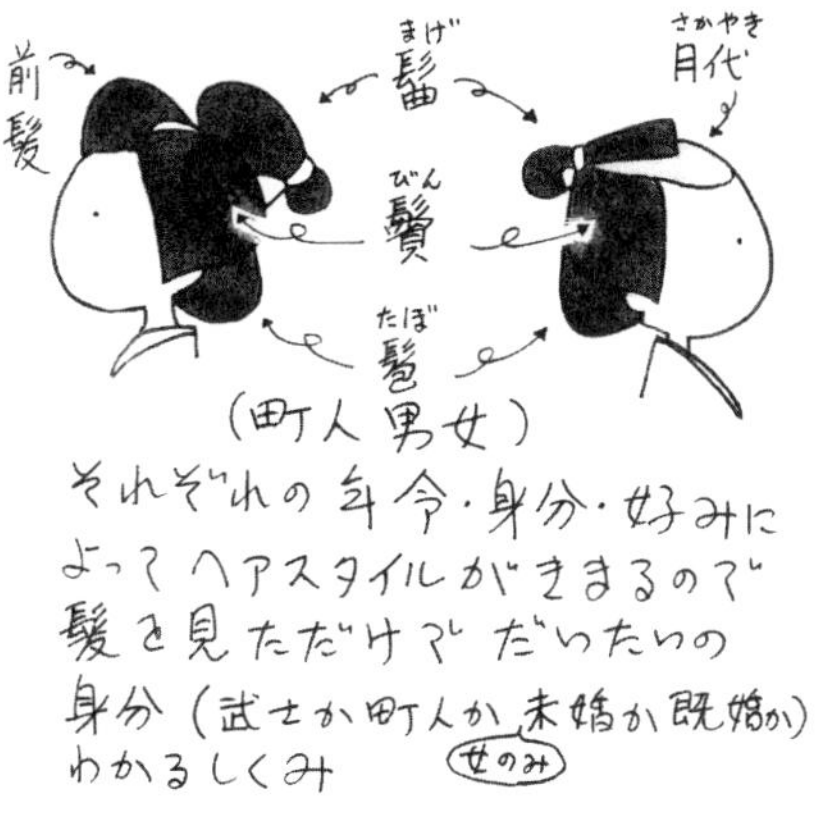
前髪
髷《まげ》
月代《さかやき》
鬢《びん》
髱《たぼ》
（町人男女）
それぞれの年令・身分・好みによってヘアスタイルがきまるので髪を見ただけでだいたいの身分（武士か町人か 未婚か既婚か）わかるしくみ
（女のみ）

神霊矢口渡《しんれいやぐちのわたし》

武蔵国《むさしのくに》の六郷川《ろくごうがわ》の川下にある
矢口の渡しの渡し守《もり》・頓兵衛《とんべえ》は
金のためならどんなことでも
するという強欲非道な男

先ごろの足利《あしかが》と新田《にった》の戦いで
新田義興《にったよしおき》の舟底に穴を開け
川に沈めて殺した褒美《ほうび》に
足利方から大金をもらい
今ではナカナカの羽振りである

いっぽう
娘のお舟《ふね》は
親に似ず
美しくて
気だての
やさしい娘

ある日の夕暮れ時
人目をしのぶように
やってきた旅の二人連れ

新田義興の弟の義峰《よしみね》と
その妻の傾城《けいせい》うてなである

足利との戦いに敗れ
いったん故郷に帰って
態勢をたてなおそうと
道を急ぐ途中だが
日が暮れて渡し舟が
出なくなったため
兄の敵とも知らずに
頓兵衛の家に一夜の
宿を頼み込む

はじめは
宿屋ではないと
断ったお舟だが
義峰の気品ある
美男ぶりに
ひと目惚れ
大喜びで
迎え入れる

それでアノ お連れは 奥さまかえ 妹さまかえ？
二人をひと間《ま》に 休ませたものの 連れの女は妻か妹かと 気になってたまらないお舟は 思いきってたずねてみるが ウソとも知らず大喜び♡ 一緒に連れていってくれと 恋心をうちあける
てまえの 妹にて 保養がてら 浅草の観世音へ 同道いたす
んま 妹さま♡

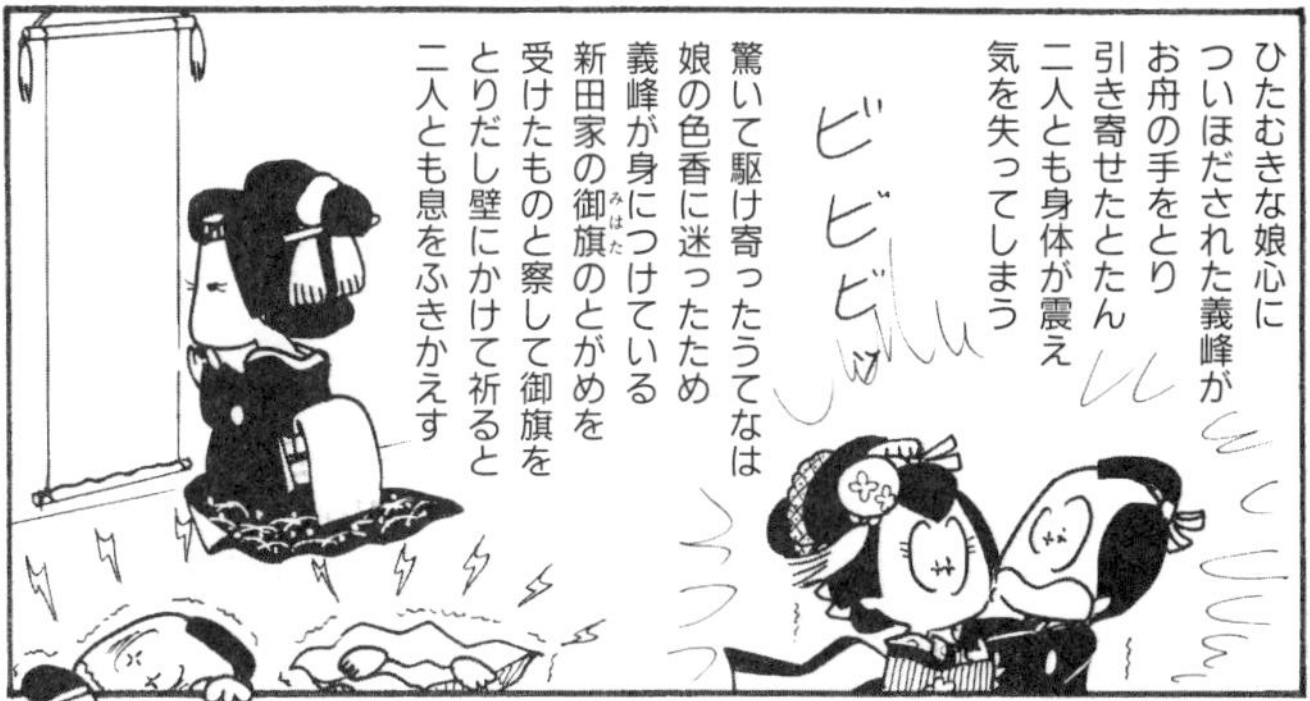
ひたむきな娘心に ついほだされた義峰が お舟の手をとり 引き寄せたとたん 二人とも身体が震え 気を失ってしまう
ビビビッ
驚いて駆け寄ったうてなは 娘の色香に迷ったため 義峰が身につけている 新田家の御旗《みはた》のとがめを 受けたものと察して御旗を とりだし壁にかけて祈ると 二人とも息をふきかえす

このようすを のぞき見ていた 下男の六蔵《ろくぞう》が 新田の残党に 間違いないと 奥へ踏み込もうと するのを 引き止めたお舟は 六蔵が自分に惚れて いるのを利用して 夫婦になるとだまし 父親の頓兵衛を 呼んでこいと ともかくも 六蔵を追い払う
STOP!
コレ おそく なると 案ずる ぞえ
もう嫁いで けっかる わい♡
びろ〜ん

このことを義峰に知らせれば
父親に災《わざわ》いがあるかもしれず
かといって黙っていれば
愛《いと》しい義峰の身があぶないと
思い悩むお舟
あ〜れ〜
やがて夜もふけた頃
六蔵の知らせをうけた
頓兵衛がそっと忍び込み
二人の眠っている部屋の
床下から刀を突っ込んだ！

とたんに
悲鳴があがり
してやったりと
部屋へ
飛び込んだが
なんと
そこに
いたのは
我が娘
ええ
胴欲な
父《とと》さん
お舟からすべてを聞いた義峰に
兄の敵の頓兵衛と親子であっても
心は別だという証拠を見せるなら
来世《らいせ》でかならず夫婦《めおと》になろうと言われ
月の出ぬ間に舟を出して二人を逃がし
自分は死ぬ覚悟で義峰の身代わりに
床《とこ》に入っていたのだと打ち明けて
父親の強欲非道をいさめるが

欲に凝り固《こ》まった頓兵衛は
金づるを逃がしたくやしさに
瀕死《ひんし》の娘をさんざん打ち叩き
残党を包囲する合図の狼煙《のろし》を
あげて二人の後を追っていく
え〜い
親不孝
ものっ!!
命がけの
願いもむなしく
父親を止めきれ
なかったお舟は
櫓《やぐら》の太鼓に気づく

これを打てば
人々は残党が
捕まったと思って
囲みをとくに違いないと
櫓に這《は》い寄るが
六蔵に邪魔される
どんどこどん!
二刀流っ
しどいっ
必死に立ち向かって
六蔵を斬って捨て
最後の力をふり絞って
太鼓を打ち続けるお舟

いっぽう頓兵衛は
義峰を追って
舟を漕《こ》ぎ出すが
突然その首に
どこからともなく
飛んできた
白羽の矢が
突き立つ
ぐわわっ
これこそ
頓兵衛に殺された
義興の霊が放った
怨みの矢であった
にゃろ〜〜!

絶命する頓兵衛
そして
もはや虫の息のお舟は
義峰が逃げ延びた
沖に向かって手をあわせ
静かに息絶えるのだった

ちょっと 幕間 夏

強欲親父にやさしい娘 これがバランスってか

知る人ぞ知る、あの江戸時代末期の大天才&大奇人・平賀源内《ひらがげんない》の書いた作品なんですねー。天才の名にふさわしく江戸浄瑠璃の最高傑作と言われていますが、ペンネームが福内鬼外《ふくちきがい》（福は～内！ 鬼は～外！）ってぇのが、いかにもとゆー気がしませんか？

原作は例によって五段もある長い話だそーですが『神霊矢口渡《しんれいやぐちのわたし》』はそのうちの四段目にあたります。内容のおもしろさとともにリアルな人物描写も作品の魅力のひとつで、義峰《よしみね》を助けたい一心で父親の手にかかるお舟《ふね》の純《ウブ》な恋心と褒美が欲しい一心で娘の命がけの訴えも耳に入らぬ頓兵衛《とんべえ》の対照的な性格がいきいきと鮮やかに描かれています。

純情一途で情熱的なお舟もかわいいけど個人的に言わせてもらえば、とにかく頓兵衛がイイのっ！ ここまで強欲非道に徹してると憎たらしいの通り越してかえって感心しちゃうっつーくらいの強烈なキャラクターですが・・・好っきゃわ～こーゆー爺ちゃん♡（実際いたら、たまらんだろけど）

義峰に気をとられて七輪《しちりん》を逆からあおいだり暗闇の中で柱にぶつかったりと、けっこー笑わしてくれる♡
ホントはココをあおぐ

登場人物の描き方だけでなく舞台装置もシンプルで現代的なので、歌舞伎をはじめて見る人にはとっつきやすい作品のひとつと言えましょう。

愛する義峰の身代わりに父親の手にかかってからのお舟と頓兵衛のやりとりと六蔵《ろくぞう》の妨害にもメゲず櫓の太鼓を打ち鳴らして息絶える幕切れまでが一番の見せ場。ちなみにラストシーンで頓兵衛の喉に突き刺さる仕掛けの矢は〝なべづる〟と申します。

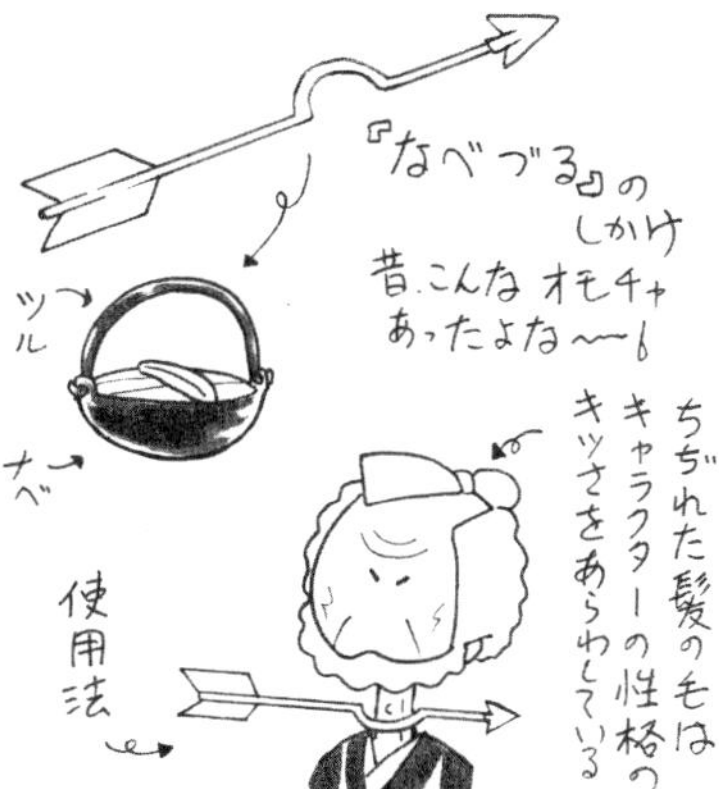
『なべづる』のしかけ
昔、こんなオモチャあったよな〜
ツル
ナベ
ちぢれた髪の毛はキャラクターの性格のキツさをあらわしている
使用法

与《よ》話《わ》情《なさけ》浮《うき》名《な》横《よこ》櫛《ぐし》

ここは鎌倉・雪ノ下
イキな黒塀《くろべい》
見越《みこ》しの松の
源氏店《げんじだな》と
呼ばれる
妾宅《しょうたく》でアル
おや
藤八さん
艶《あだ》な姿の洗い髪もイロッぽく
湯屋《ゆや》から帰ってきたのは
質店・和泉屋の大番頭
多左衛門《たざえもん》の囲《かこ》い者のお富《とみ》
お富

夕立にあって
困っていた
和泉屋の
二番番頭の
藤八《とうはち》を
家にあげて
雨宿り
させてやるが
前々から
お富にホレて
いた藤八は
内心大喜びで
このチャンスに
なんとか口説け
ないものかと
おべんちゃらを
言うやら
色目をつかう
やら……
あまり近くに寄ると お白粉がつきますよ
いえいえ お白粉は 大好き♡
あたくしも つけてみたい ほどで…
にじ にじ にじ…

いいかげんウンザリしていたところへ
たびたび小遣い銭をタカリにくる
このあたりのならず者の蝙蝠安《こうもりやす》が
頬《ほ》っかむりをした
全身傷だらけの
若い男と
一緒に
やってくる
ったく ロクな男が いないわね～～
この男の キズを治しに 湯治《とうじ》に 行きたいので 少しばかり カンパを…
与三郎
コウモリ安

藤八は二人を追い返してお富にいいところを見せようとするが逆に怒鳴りつけられてアッサリ退散
てめーはすっこんでろっ
めんどくさくなったお富が一分銀《いちぶぎん》を出したのでやっと蝙蝠安も引きあげようとするが
一分でよけりゃお前《めえ》先へ帰《けえ》んねえ
ここの家の洗いざらい釜の下の灰までもおれのものだ
とんでもないことを言いだした連れの男はお富の前へ進み出る
ご新造さんへおかみさんへ…
いやさお富！久しぶりだなあ
言われてお富はおどろいた
そーゆーおまえは…
え〜と何番目の彼氏だっけ？
こらこらこらっ
アドレス
と言うのも三年前木更津《きさらず》の博打《ばくち》打ちの親分赤間源左衛門《あかまげんざえもん》の妾《めかけ》だったお富は江戸から遊びにきていた鼈甲細工《べっこうざいく》店・伊豆屋《いずや》の若旦那の与三郎《よさぶろう》とふとしたことから深い仲になり
出てけっ！
ホイホイ
勘当
若旦那の頃の与三郎
お富

それが源左衛門にバレて追い詰められ
海に飛び込んだところを
通りかかった多左衛門の舟に助けられ
そのまま世話になっていたのだった
赤間源左衛門
与三郎
お富
いっぽう与三郎は源左衛門に捕まり
全身メッタ斬りにされながらも
命からがら逃げだしたのだが
お互い死んだと思い込んでいた相手と
こんなところで再会しようとは・・・！

あれ以来
勘当《かんどう》されて
身をもちくずし
ならず者の
仲間入りを
していた
与三郎に
恨みごとを
言われて
しょげかえる
お富だが
しどいわっ
アタシだって
忘れた時は
なかったのにっ
安やい
これで一分《ぶ》じゃ
帰れめえ
フレー
フレー
チャッ
チャッ
チャッ
多左衛門の世話に
なってはいるものの
やましいことは
なにもしていないとうちあける

しかし与三郎は
お富の話を
信用せず
ヤキモチ半分で
問いつめる
ところへ
多左衛門が
あらわれる
これで
したくを
ととのえて
出直し
なさい
ううう〜っ
多左衛門
お富との関係は
潔白だと言いきり
身をととのえて
出なおしてくれば
お富を返そうと
金を差し出す
多左衛門

さっさと帰《けえ》るねえか！
そんなに言わねえでもいいじゃあねえか
和泉屋に恩のある蝙蝠安は
ひたすら縮みあがり
なおも居直ろうとする
与三郎をなだめすかして
逃げるように帰っていく
元手《もとで》いらずのいい商売《しょうべえ》だなァ

やがて店に用事ができた
多左衛門は帰りがけに
守り袋を預けていく
あとでこれを見てごろん
中の
臍《ほぞ》の緒書《おがき》を
読んで
おどろく
お富
アダルト・ビデオ貸し出し証？
あまちがえたこっちこっち

ええそんならおまえは兄《あに》さん!?
お富と多左衛門は
幼いときに
別れ別れになった
実の兄妹で
火の用心いたしましょう
すべてを知った上での
多左衛門の情けある
はからいであった

ちょっと幕間　夏

死んだと思った恋人との再会気分は複雑で…

　この芝居を見たことはなくても「ご新《しん》造《ぞ》さんへ内儀《おかみ》さんへ……いやさお富《とみ》、久しぶりだなぁ」というセリフを聞いたことがある人はいるんじゃありませんか？『与話情浮名横櫛《よわなさけうきなのよこぐし》』というよりは〝お富与三郎《よさぶろう》〟とか〝切られ与三〟とか言ったほうが通りがいいかもしれませんねー。

　原作は九幕近くもある大長編で、与三郎がモトは侍の子だったとか養子先の家督相続問題だとか実の親の重宝紛失騒動だとかいろんな事件が盛り込まれたややこしいストーリーなのですが、現在上演されているのはお富と与三郎のラブロマンスが中心で特に『源氏店《げんじだな》』の独立上演が多いようです。せめて『見染《みそ》め』の場も一緒にやってくれればそれぞれの登場人物の立場がよくわかって、もっとおもしろくなるのにね。

'切られ与三'ならぬ
'切られお富'ってェ
芝居もあるのよ♡
(めったに やらんけど)

見せ場（というか聞かせ場というか）はお富と対面してからの与三郎の長ゼリフ。愛する女は死んだと思い込み自分も殺されそこなったうえ親からも勘当されてヤケクソの毎日を送っていたとゆーのに、女のほうは命も助かりケロリンパとしてお妾サンにおさまっていたと知ればそりゃー恨みごとのひとつも言いたくなりますわなァ。とはいえお互いモトは好いて好かれた仲ですから最初のショックから立ち直ると恋愛感情が戻ってきて、だんだん痴話喧嘩みたくなっていくのがオモシロイ。

ここでなくてはならないワキ役が蝙蝠《こうもり》安《やす》で、どこにあるのかわからないよーなチョンマゲにヨレヨレの女物の着物をだらしなく着込み頬には蝙蝠の彫物《ほりもの》といういかにも汚らしいゴロツキ風の恰好がスッキリとした粋な二枚目の与三郎を引き立てる重要な役割になっています。

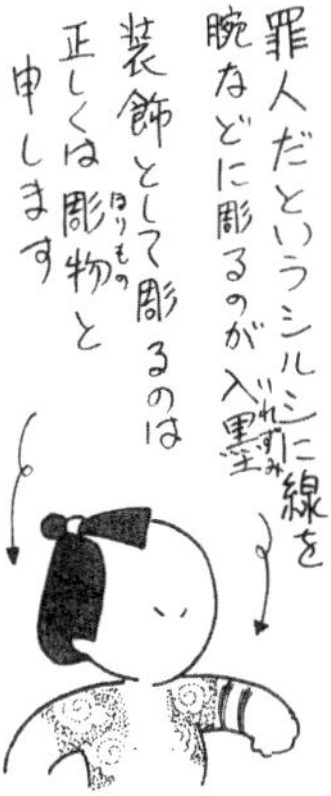
罪人だというシルシに線を
腕などに彫るのが入墨《いれずみ》
装飾として彫るのは
正しくは彫物《ほりもの》と
申します

余談ですが当時は安のように顔に蝙蝠やトンボなどのワンポイント彫物をするのがハヤっていたそーで、江戸時代の歌舞伎はこのように流行や事件をいち早く舞台に取り入れたり逆に歌舞伎から流行したりすることが多く、言うなれば今のテレビと週刊誌とファッション誌を兼ねたよーな存在だったというのもうなずけますねー。

東《とう》海《かい》道《どう》四《よつ》谷《や》怪《かい》談《だん》

赤穂城主《あこうじょうしゅ》・塩冶判官《えんやはんがん》が殿中《でんちゅう》で
高師直《こうのもろのお》に斬りつけた罪により
判官は切腹お家は断絶
家来たちは失業浪人となって
生活苦にあえいでいたが
なかでも四谷左門《よつやさもん》親子は
娘のお岩《いわ》とお袖《そで》が娼婦の
マネまでするという落ちぶれよう

ある日謡《うたい》で門付《かどづけ》を
しようとした左門が
ホカの乞食たちから
いいがかりをつけられ
袋叩きにされている
ところへ
塩冶家のモト家来で
姉娘お岩のモト夫の
民谷伊右衛門《たみやいえもん》が
助けに入る
にゃろー ナワバリ荒らしめ
これこれ おこづかいを やるから はなして あげなさい
浦島太郎かっ つーの！
民谷伊右衛門
四谷左門

いったん縁組 致したれども もはや 娘のお岩さ 引取るからは ムコでもなっ シュウトでもなっ
実はお岩に未練のある伊右衛門が
なんとかヨリを戻そうと乞食たちを
使って仕組んだ芝居だったのだが
かつて赤穂藩で起きた御用金紛失事件
の犯人が伊右衛門だと確信している
左門はキッパリこれを拒否
秘密を知られし 四谷左門め
いっそのことに……

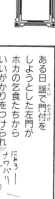

左門のあとを追う
伊右衛門とすれ違う
高師直の家の家老
伊藤喜兵衛《いとうきへえ》と
孫娘お梅《うめ》
あ、どもども…
実はお梅は
伊右衛門に
恋わずらい
していたり
する
そこへ塩冶の浪人・奥田庄三郎《おくだしょうざぶろう》が
非人《ひにん》姿で物乞《ものご》いにやってくる
ご報謝《ほうしゃ》おねがい申します
喜兵衛
お梅
庄三郎

高家のものと聞いて銭を捨てるとは…塩冶の身内に違いない！
判官の仇討ちをたくらむ
塩冶浪人の仲間と見抜いた
喜兵衛たちとあらそううち
仇討ちの廻文状《かいぶんじょう》を奪われるが
小間物屋に変装して
通りかかった塩冶の浪人
佐藤与茂七《さとうよもしち》が取り戻す
与茂七

その日の晩――
お客がおまちかねだよ
按摩《あんま》の宅悦《たくえつ》は
夜になると
自分の家で
地獄宿《じごくやど》と呼ばれる
私娼窟を経営
左門の妹娘・お袖が
コッソリ客を
とっていた
そのお袖に
しつこく
言い寄って
いるのが
モト塩冶家中の
下男の直助《なおすけ》
直助
宅悦
お袖

そこへ与茂七が
案内されてくるが
実はこの二人
お互い行方を探して
いた夫婦同士で
とんだ所で顔をあわせ
ビックリするやら
きまりが悪いやら・・・・
そちゃ女房!?
こちの人!

ともかく再会を喜び
仲良く連れ立って
帰っていく
うらやましいか
おもしろくないのは直助
途中
庄三郎の
ことが
気になる
与茂七は
お袖を置いて
浅草寺裏の
非人の
たまり場まで
探しにいく
おお庄三郎どの
これを山科の大星さまに…

たまにはセンタクくらいしとけっ
いやはやどーも…
ぴょん
ぴょんこ
ぴょん
廻文状をひそかに
仲間のところへ届けるため
庄三郎と着物を取り替え
鎌倉へ出立する与茂七
左内どの女房・岩をお返しくだされ
入れ違いに
左門を
追ってきた
伊右衛門が
通りかかる
かなわぬことじゃ

こーなりゃ腕づくとばかり斬りかかる
いっぽう直助も恋敵の与茂七とカン違いして庄三郎を闇討ちしたうえ証拠隠滅《しょうこいんめつ》のため顔の皮を剥《は》ぎとる
あのな〜〜
お互いの殺人現場に行きあわせた二人は同じ穴のムジナと顔を見あわせニンマリ
こりゃ姉《おあね》さん
お袖
そこへ帰りの遅い父親を心配して迎えに出たお岩と与茂七を探しにきたお袖がバッタリ
こりゃ父《とと》さん
この着物は与茂七どの
やがて二人の死骸を発見とりすがって泣き出すところへ物陰に隠れていた伊右衛門と直助が偶然をよそおって駆けつける
なんだなんだ
どーしたどーした

子まで生《な》したる女房をなにとてみどもが見捨てよう
われらが力をかして夫と親の仇を討たせやしょう
姉妹は父と夫のあとを追って死のうとするがどこまでもワルな直助と伊右衛門は仇討《あだう》ちをするのが子の役目と引き止め助太刀《すけだち》を条件に伊右衛門はお岩ともとどおりの夫婦に直助はお袖と名だけの夫婦に納まるのだった
よよよい
よよよい
よい
それから数カ月後――
この貧乏暮しにがきまで生むとは気のきかねえ
四ツ谷町の伊右衛門宅へ身を寄せたお岩は男の子を出産したものの身体《からだ》の調子がすぐれず血の道に苦しんでいるがモトモトが冷酷で非情な伊右衛門はそんな妻をいたわるどころかうっとうしがるしまつ
おまけに手伝いに雇った下男の小平《こへい》が民谷家に伝わる高価な薬を盗んで逃げたというのですこぶる機嫌が悪い
ガミガミガミガミ
宅悦
おーいつかまえたぞ～い
世話人の宅悦と孫兵衛に当たり散らしているところへ悪仲間の浪人たちが小平を見つけたと引っ立ててくる
秋山長兵衛
小平
どやどやどや
孫兵衛

実は小平も塩冶の家臣に仕えていた小者《こもの》で主人の難病を治したさについ薬を盗んでしまったと必死で詫びるが伊右衛門と仲間の浪人たちは指を折るやら髪をむしるやらいたぶりほうだい
かくせ かくせっ
ご出産のおいわいに…
そこへ隣の伊藤家から出産祝いの使いがくる

これは伊藤家に伝わる血の道の薬 どーか奥様に…
乳母 すまき
なにからなにまでかたじけない
ぜひお礼を言わねばなるまいと伊右衛門を送りだしたお岩は伊藤家に感謝しつつ薬を飲むがじきに顔を押さえて苦しみだす
アイタ★ アイタタタ
こりゃたいへんな熱じゃ!

いっぽう伊右衛門は喜兵衛からお梅の恋心を打ち明けられ夫婦《めおと》になってくれと頼み込まれる
孫がふびんさ どーか夫婦に…
喜兵衛
お梅
しかしみどもは妻ある身
さすがに世間体を考えてことわった伊右衛門にさらに恐ろしい話を打ち明ける喜兵衛
血の道の薬というのは実は毒薬!
顔がグシャグシャのメチャメチャのそれはそれはおそろしい…
結局夫婦になることを承知する

さてそうなると
邪魔なのは女房お岩
お帰りなされませ…
ぐたっ！
毒薬のため醜《みにく》く変わったその面体《めんてい》にもうこうなれば未練もないと出ていけと言わんばかりに邪険《じゃけん》にあたり
そのくしは母さんの形見
ならばかわりに金めのものをよこせ！
あげくは宅悦を脅《おど》してお岩に不義をしかけさせそれを理由に追い出そうとたくらむ
あのような亭主で苦労するより私と一緒に…
——がアッサリ失敗
二度とやったら許さぬぞ！
セマリたくてセマッたんじゃないれす〜っ
これがわたしの顔かいなあ!?
きゃ〜っ
人間とも思えぬ自分の顔を見て驚き嘆くお岩に宅悦はすべてを白状する
お許しを〜いえもんさまに頼まれて…
せめて伊藤家に乗り込んでひと言なりとも恨みを言おうと身づくろいをはじめるが全身にまわった毒で髪は抜け落ちますます凄《すさ》まじさを増すばかり

ただうらめしいは
伊右衛門どの～
伊藤家の者どもも何安穏《あんのん》におくべきか～
おまちくださりませ
もみあうハズミに柱に刺さった刀がノドにぐっさり!
ぎえっ★
ようすをさぐりに帰ってこの有《あ》り様《さま》を見た伊右衛門は押入れから小平を引き出して斬り殺し二人の死体を戸板の裏表に打ちつけて川に流すよう仲間に言いつける
やがてお梅たちが到着
花婿花嫁は初夜の床♡
子守りはみどもがひきうけよう
ところが抱き寄せた新妻の顔を見て仰天!
うらめしや伊右衛門どの～
ぎゃっ!!
思わず抜き打ちに斬り捨てるが不思議や首はやっぱりお梅

おどろいて
喜兵衛を
起こすが
これまた
なんと!!
くすり
くだせぇ〜
またもや
首を斬り落とし
よくよく見れば
やっぱり喜兵衛
さてこそ
お岩と小平の
怨霊《おんりょう》のしわざかと
おどろく伊右衛門を
どこからともなく
あらわれた
お岩の亡霊が
恨めしげに
見据えていた
それから数ケ月後――
あれ
ねずみが
おきりを…
お弓
おまき
伊藤家は事件の
責任を負わされ
職は召しあげ
家はとりつぶし
残されたお梅の母の
お弓と乳母のおまきは
非人となって
仇・伊右衛門の
ゆくえを探していたが
これもお岩の怨念か
ふとしたはずみで
おまきは隠亡堀《おんぼうぼり》へ
ドンブリコ
お弓はショックで
バッタリコ
どっぽん

そこへやって来た鰻かき
なにも気づかずさっそく
鰻を取りはじめるが
これが実は権兵衛《ごんべえ》と
名を変えた直助
もうけっ♡
直助
鰻かきに
引っかかってきた
お岩の櫛《くし》を
そうとは知らず
ちゃっかりネコババ
これは母者人《ははじゃひと》！
そなたは
伜！
お熊
そこへ今度は
伊右衛門と
母親のお熊《くま》が
通りかかる
息子の悪いウワサを聞き
なんとか世間の眼をごまかそうと
卒塔婆《そとば》に伊右衛門の名を書いて
死んだと見せかけておいて
昔の主人の師直からもらった書付《かきつけ》を
再就職の手づるにと渡すために
捜しまわっていたのだという
高家に就職のコネか
かたじけなし
そなたが死んだと思わせる計略
これを見ていた直助
さっそく声をかけて
将来出世したときの
口止め料を予約する
ふてぶてしさ
出世したらたずねていきますぜ
やっと息をふきかえしたお弓は
ふと卒塔婆に書かれた名を読み
おどろいて直助に問いかけるが
アノ、すりゃたしかに死にましたか
お弓に気づいた伊右衛門
敵とつけ狙われては
面倒だとばかり
そっと近づき
堀へ蹴落とす悪逆非道

直助が去ったあとへ
やって来たのは
かつての仲間の浪人
秋山長兵衛
あの犯行は おめーの したこと だろーが！
密告《チク》ってやる
秋山長兵衛
まーまー もーちっと 待ってて ちょーらい
真犯人は伊右衛門だと
お上《かみ》に訴え出ると言われて
あわてた伊右衛門は
江戸から逃げるように頼み
旅費をつくるまでの担保にと
先ほどの師直の書付を渡す
ホラ 師直様の 紹介状 あずけ とくから さ〜

帰ろうとした
伊右衛門の足元へ
流れてきた戸板
うらめしや いえもんどの〜
思わず引き寄せて見れば
お岩と小平の無残な死骸
くすり くだせぇ〜
ええい ひつこいっ
ふたたび流れへ
蹴りだせば
あたりは暗闇

たまたま
戻ってきた直助に
与茂七もカチあって
お互い相手もわからず
手探りであらそううち
直助の鰻かきは与茂七の手に
与茂七の廻文状は直助の手に渡る
与茂七
この場面は 'だんまり'と言います

それから数日後
洗いものをもってきましたよ
これは姉《あね》さんの!?
深川三角屋敷の門前で直助と形ばかりの所帯を持ったお袖は近所の洗濯物を引き受けたりして働いていたが持ち込まれた着物がお岩のものと似ているのを不審がる
お袖
これは姉さんの!
やがて帰ってきた直助が隠亡堀で拾った櫛を思い出しお袖に見せるとこれまた見覚えのあるお岩の櫛
これをカタに金を借りて米屋の借りを払おうと言う直助にお袖もやむなく櫛を渡すが
ちゃぽん
着物を取り出し探してみればしたたりおちた雫《しずく》はたちまち血潮《ちしお》に変わり盥《たらい》から櫛をくわえた鼠《ねずみ》が飛び出し仏壇に置いて消え去る
チュー
うす気味悪さにゲッソリした直助は通りがかった按摩を呼ぶが顔をあわせてビックリ!
おめえは宅悦!
直助さん!
直助の肩を揉むうちフトお袖の櫛を見て妹とは知らずに伊右衛門に殺されたお岩の櫛だと話しだす宅悦
そのくしはなくなったお岩さまのとよう似てますね
姉さごぞんじか!?

いつかはお袖を
手に入れようと
狙っていた直助は
チャンスと
ばかりに
驚き嘆くお袖を
親切らしく力づけ
しきりに
謎をかける
うーむ 力をかして やりたいが
仮の夫婦 ではなァ…
ちろっ
かならず 仇を討って下さんすか?
父・姉・夫と
三人に増えた
仇討ちに
女の力では
どうにも
ならぬと
思いあまった
お袖は
助太刀を条件に
直助と床《とこ》を交わす
ことを承知する
うフ うフ♡ 仇でも 注射でも

やがてそこへ
鰻かきの焼印《やきいん》の名をたよりに
与茂七が家を捜し当ててくる
こりゃ 直助
でたっ
おどろいたのは
直助
与茂七 どの!?
そちゃ 女房!

思いがけない
夫の無事な姿に
喜んだのも束の間
与茂七と直助の
間に立って
困りきるお袖
こーの〜 浮気者!!
だあって〜 アナタは 殺されたと 思ってたし 父《とと》さんと 姉《あね》さんの仇を 討ってくれるって言うし…
お袖を女房に
よこせと
居直る直助に
廻文状を返せば
くれてやろうと
答える与茂七
そーそー もう あきらめて 俺にくれ!

相手が眠ったらあいずするから
ひとおもいにバッサリと…
ひとり覚悟を決めたお袖は
それぞれに相手を討ち取る
手引きをしようと申し出る
わっ
女房!?
そうとも知らぬ二人は
手筈《てはず》どおりに寝込みを襲うが
しとめたと思ったのは女房お袖

二人の夫への申し訳に
二人の手にかかって
死ぬ覚悟をしたと
苦しい息の下から
語るお袖の話に
真相を知る与茂七
与茂七どのの仇を討ちたさに直助と夫婦《めおと》になりました
私亡きあとはこの守り袋を姉さんに…
いっ!?
いっぽう直助は
お袖の差し出した
臍《ほぞ》の緒書《おがき》を見るなり
お袖の首を打ち落とし
自分の腹へ出刃《でば》を
突きたてた!

人殺しをしてまで手に入れた女房は
幼いころ四谷家へ養女にやった実の妹
しかも与茂七と間違えて殺したのが
昔の主人の息子だったとは…!
お袖が幼い頃養女に出した妹とはつゆ知らず
抱き寝したうえ
お主のご子息与茂七どのと間違えて殺害した
罪のおそろしさ…
思いもかけぬ身の因果《いんが》に
さすがの直助も改心して
与茂七にすべてを打ち明け
廻文状を返して息絶える

ここは
伊右衛門と母親が
身を寄せている
蛇山《へびやま》の庵室《あんじつ》
なむ
あみだぶつ
なむ
あみだぶつ
講中《こうじゅう》が集まって熱心に
百万遍《ひゃくまんべん》を唱《とな》えているが
お岩の亡霊は執拗に
伊右衛門を苦しめる

ちょうど今日は
お岩の命日
成仏を願って
回向《えこう》する
伊右衛門を
またもや
お岩の亡霊が
あらわれて
さんざんに
たぶらかす

ふたたび講中が
百万遍を唱えはじめるが
お岩の亡霊はついに
お熊をとり殺してしまう
そこへ鼠の大群に
追われた長兵衛が
駆け込んでくる
書きつけを
あずかってから
ネズミに
悩まされ…！
返す
返す

書付を返して
逃げだそうとするが
これもお岩の亡霊に
仏壇へ引き込まれる

義姉《あね》の仇
伊右衛門
かくご！
お岩の執念の凄まじさを
改めて思い知る伊右衛門に
舅《しゅうと》と義理の姉の敵！と
斬りかかる与茂七

二人は激しく斬りあい
お岩の亡霊の助けで
ついに伊右衛門は
討ち果たされるのだった

ちょっと幕間　夏

男の裏切りを知った時女は怨霊と化《か》していく

文明の発達とともにオバケより恐ろしいものが増えたせいか〝怪談物〟もめったに上演されなくなってしまいましたが、それでも『四谷怪談《よつやかいだん》』や〝お岩《いわ》さん〟の名を聞いたことくらいはございましょ？

〝大南北〟と呼ばれた四世鶴屋南北《つるやなんぼく》の代表作で、やはり歌舞伎狂言の代表作である『忠臣蔵《ちゅうしんぐら》』を話の背景に持ってきてありますが、番外編というよりは独立した別個の作品と見るべきでしょーな~。『忠臣蔵』が武家なら『四谷怪談』は町人の話で、たとえ主人公は武士でも舞台は町人の世界。当時の庶民の生活を実にいきいきと描きだしています。

見せ場としては二幕目『伊右衛門浪宅《いえもんろうたく》の場』の〝髪梳《かみす》き〟と三幕目『隠亡堀《おんぼうぼり》の場』の〝戸板返し〟、それに大詰『蛇山庵《へびやまあん》室《じつ》の場』の亡霊の仕掛けなどが有名ですが、だからといってこの場面だけの独立上演というのはないようです。

だいたいこの芝居は歌舞伎にしてはめずらしくホカの長編のように一部分だけ独立上演しにくいツクリになっていて、ゴーインに上演するとすればお岩サンが毒を盛られる『伊右衛門浪宅の場』くらいのモンじゃないかしらん？　やっぱりスリラーだのサスペンスだのってぇのはいきなりクライマックスだけ見たってしよーがないモンで、観客を話に引き込むために一番大事なのはクライマックスへいくまでのシチュエーションなのです。

怪談物の代表というだけあって上演にまつわる因縁話や言い伝えも山ほどありまして、なかでも〝お岩さんを呼び捨てにしてはいけない〟のと〝この芝居を上演するときは前もってお岩稲荷へお参りしなければタタリがある〟というのは有名な話。ただし伊右衛門役の俳優だけはお参りに行くと逆にタタリにあうんだそーです。(芝居に関係なく、ただお参りするときでもカップルで行くと必ず別れるハメになるんだって。しつこい相手と手を切りたいって人にはいいかもしれないけどぉ‥‥そんなことに利用しようなんて考えたら、かえってスンナリ別れさせてくれないんじゃなかろーか？)

お芝居だけじゃなく'四谷怪談'をとりあげる時は必ずお参りいたしましょう!
仕事がおわった時もお礼参り(ヤーさんのとちがうよ)しとかないと、やっぱりタタるんだって!
ナナメ向いにある田宮神社と陽運寺
巣鴨の妙行寺と四谷のお岩稲荷(田宮神社と陽運寺)にお参りして厄除けのオフダをいただいてくるんだそーです

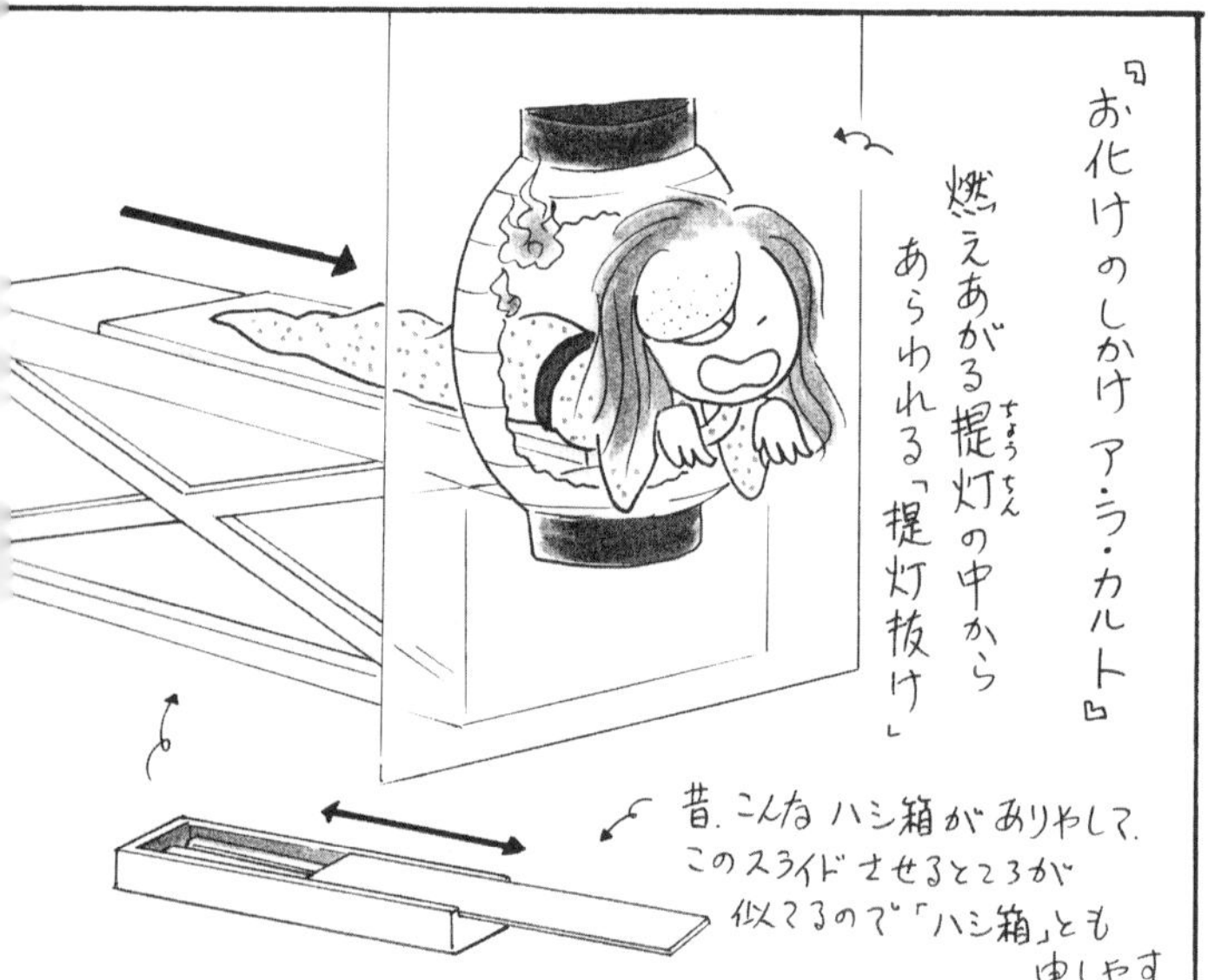
『お化けのしかけ ア・ラ・カルト』
燃えあがる提灯《ちょうちん》の中から
あらわれる「提灯抜け」
昔、こんな ハシ箱がありやして、
このスライドさせるところが
似てるので「ハシ箱」とも
申しやす
宙乗り式に
つりあげる
撞木《しゅもく》につかまって
もちあげる
撞木

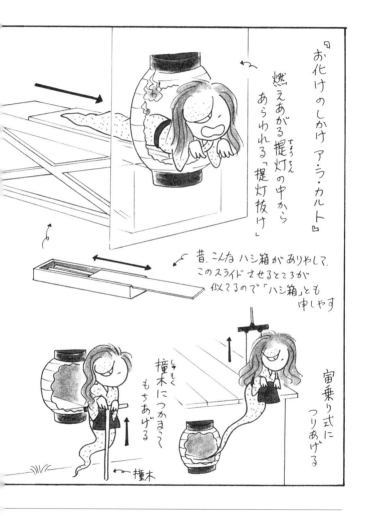

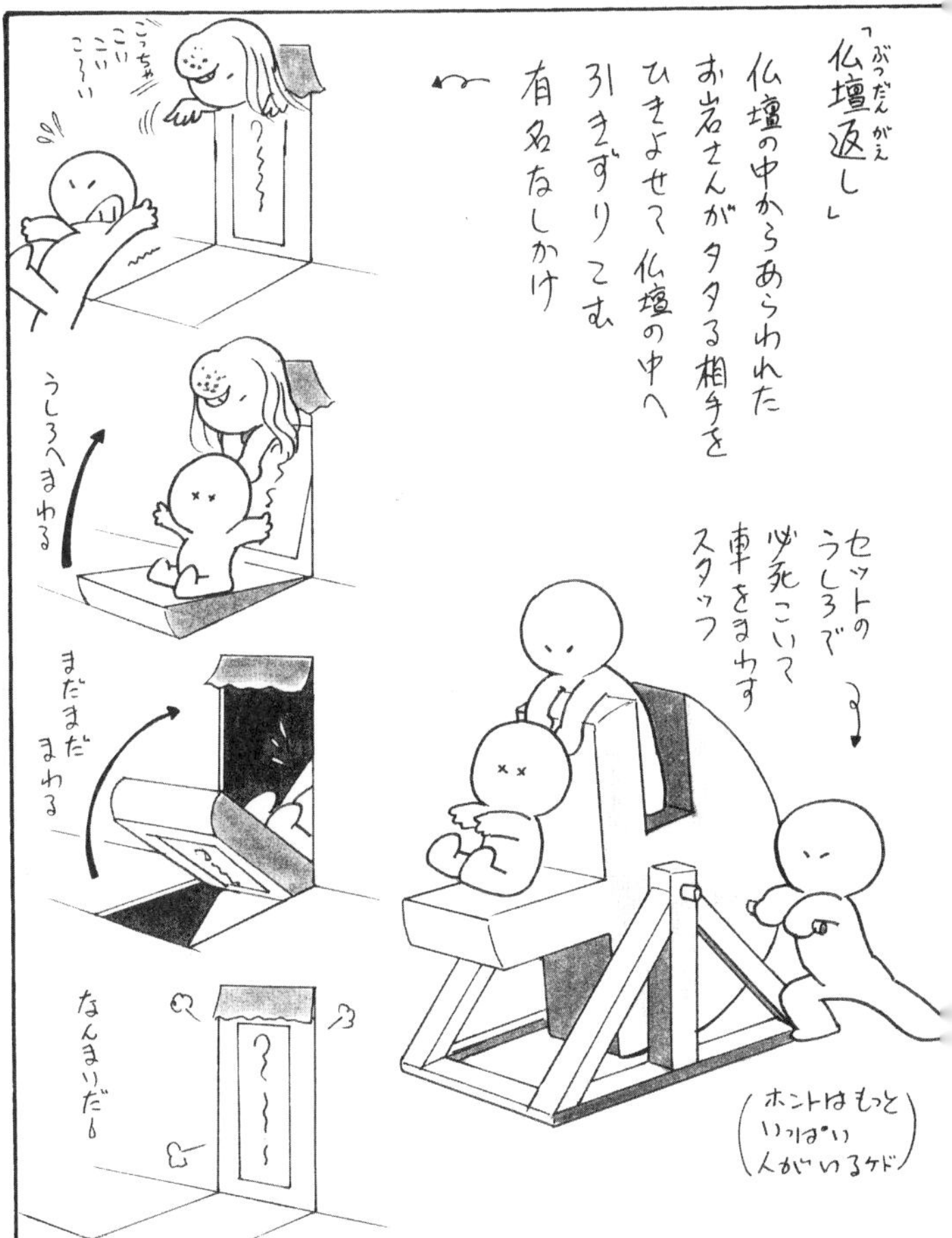

「仏壇《ぶつだん》返《がえ》し」
仏壇の中からあらわれた
お岩さんがタタる相手を
ひきよせて仏壇の中へ
引きずりこむ
有名なしかけ
こっちゃ
こい
こい
こ〜い
うしろへまわる
まだまだまわる
なんまいだ〜
セットのうしろで
必死こいて
車をまわす
スタッフ
ホントはもっと
いっぱい
人がいるケド

「しょうちゅう火」
昔はしょうちゅうにひたして
火をつけてたのでこの名が
残った
このド長いしっぽは「ろうと」と
いいます。一ま、似てないことも
ないけどさ〜
カツラだけ
お岩サンから
小平へチェンジ
「戸板返し」
ひっくり返して顔の部分の穴から
カツラだけとりかえて頭を出す

お稲荷さんにおまいりしただけじゃ安心できなくて、舞台のお払いをしてもらうこともアル
みんなお守りをつけて舞台に出てる
厄除けのお札をしこたまもらってきて大道具なんかにもはりつける
ぺたん
おふだ
耳なし芳一かっつの！
あいつこわがりなもんで……

夏祭浪花鑑《なつまつりなにわかがみ》

泉州《せんしゅう》・堺の魚売りの団七《だんしち》は
悪侍《あくざむらい》・大鳥佐賀右衛門《おおとりさがえもん》の家来と
ケンカして相手を傷つけ
牢に入れられていたが
女房・お梶《かじ》のモト主人である
玉島兵太夫《たましまひょうだゆう》のとりなしで
赦免《しゃめん》されることになった
ピリ。ピリ。ピリッ

牢から出される日
女房お梶と伜《せがれ》の市松《いちまつ》
団七を贔屓《ひいき》にしていた
老侠客《ろうきょうかく》・釣舟三婦《つりぶねさぶ》が
住吉神社の鳥居前まで
迎えにくる
おお 団七をむかえに来たのか
お梶が市松と住吉さまへ
参詣《さんけい》に行っている間に
牢役人に連れられて団七登場
釣舟三婦
市松
お梶

三婦は牢屋暮らしですっかり
むさ苦しくなった団七に
まず身なりをととのえさせようと
着替えを渡して床屋へ
行かせる
三婦が立ち去ったあとへ
遊女の琴浦《ことうら》が恋仲の
磯之丞《いそのじょう》を探しに通りかかり
琴浦に横恋慕している
大鳥とバッタリ
牢から出たばかりの団七
大鳥
琴浦

いやがる琴浦に
言い寄り
追いまわし
連れ去ろうと
したところへ
あらわれたのは
見違えるように
スッキリした
団七
スッキリした団七
大恩ある玉島兵太夫の
息子・磯之丞の恋人の
危機とあっては
見のがすわけには
いかない
アッサリ大鳥を取り押さえ
琴浦に磯之丞の居所を教えてやる
こないな形の土橋を渡ってな
あい
大鳥を追い散らして
琴浦のあとを追おうとした
団七を呼び止めたのが
大鳥に味方する侠客の
一寸徳兵衛《いっすんとくべえ》
男のかけひきに
一寸も引かぬ
寸徳兵衛
一寸徳兵衛
大立ち廻りの真っ最中に
参詣から戻ったお梶が仲裁に入り
徳兵衛と顔をあわせてビックリ!
そなたは
あの時の
乞食《こうじき》どの
こりゃ
めんぼく
なり!
昔　乞食《こじき》にまで
落ちぶれていた徳兵衛に
なさけをかけてくれた
磯之丞の侍女だったのでアル

落ちついて
話をしてみれば
団七も徳兵衛も
玉島家に
恩を受けた
身とわかり
これからは
仲良く恩返しに
はげもうと
約束して
義兄弟の
誓いをかわす
あとで縫いなおす
身にもなってよね〜
それから何日か後の夏祭の日
釣舟三婦の家では
団七に頼まれて
磯之丞と琴浦を
かくまっているが
どうやら大島に
嗅《か》ぎつけられたようす
琴浦
磯之丞
みーっけ
そこへ訪ねてきたキリリとした美人
ごめんやす
故郷の玉島から徳兵衛に逢いに
来ていた女房のお辰《たつ》である
徳兵衛女房
お辰
ひと足先に玉島へ
帰ることになったので
徳兵衛が世話になった
お礼を言いに
立ち寄ったのだというお辰に
三婦の女房のおつぎは
磯之丞を玉島家まで
送ってくれる
ように頼むが
三婦に
とめられる
一緒にやれぬと
いうのは
こなたの顔に
色気の
あるゆえ
三婦女房 おつぎ

若い男と美人の二人連れで
もしや間違いでも
起こってはという
三婦の言葉にお辰は
いきなり焼けた火箸《ひばし》を
頬《ほお》に押しあてた！
できた！
ポン
なんと三婦《さぶ》さん
これでも色気が ござんすか!?
プリプリ
お辰の心意気に感服した三婦は
磯之丞をあずけることにする
ハリウッド製 特殊メーク
うそっけ！
そこへ今度は大鳥の手下が
琴浦を渡せと暴れ込んでくるが
昔きたえた腕っぷしで
かーるく蹴散らした三婦は
いっそ大鳥めをたたっ斬って
くれようと二人を追い立てていく
きゃ〜♡ ホレなおしそうっ
やがて奥から出てきた
お辰が磯之丞を連れて
いこうとするところへ
声をかけるおつぎ
そんな傷さつけて…徳兵衛さんにきらわれはせぬかえ？
はばかりながら 徳兵衛《こちのひと》の好くのは顔《つら》じゃない
心《こころ》でござんす！
よっ♡ 名セリフ！

そこへ
またまた今度は
団七の舅《しゅうと》の
義平次《ぎへいじ》が
琴浦を迎えに
行くよう
頼まれたと
やってきて
駕篭《かご》に乗せて
連れ去るが
気をつけて
どーも
どーも
なに〜っ！
親父どんが
連れてったあ!?
入れ違いでやってきた
団七はそれを聞いて
びっくり仰天
欲の深い義平次が
大鳥に金づくで
頼まれたものと直感
えらいこっちゃ
えらいこっちゃ
あわてて
あとを追う
長町裏《ながまちうら》で
やっと追いつき
琴浦を返してくれと
必死で頼むが
強欲《ごうよく》な義平次は
聞こうともせず
かえって居直り
逆にカラむ始末
ケッ
困り果てた団七は
石を手拭いに包んで
金包みと見せかけ
琴浦を返してくれれば
この金を義平次に
渡そうと持ちかける♡
友達が
つくってくれた
三十両を
あげまっせ
もとより欲の深い
義平次のこと
婿《むこ》・舅の間だから
オマケして
やろうと
恩きせがましく
承知して
駕篭を三婦の
家へ戻す
ホ〜ッ

ホッと胸を
なでおろした
団七だが
だまされたと
知って
怒り狂った
義平次に
さんざん
どつき
まわされる
ハメになる
ぬすっと!っ
親不孝もの!っ
ジッと耐えていた団七も
草履《ぞうり》で額《ひたい》を割られ
さすがにカッとして
刀を抜きかけるが
なんじゃ
親を
切る気か!?
ぬ〜〜っ

図に乗った義平次に
ますますしつこくカラまれ
払いのけようとしたハズミに
刀で傷つけてしまう
親殺しだ〜っ
わざと大声を
あげながら
逃げ回る義平次に
もはやこれまで!と
覚悟をきめて
斬りつける団七
陽気な祭り囃子《ばやし》が
鳴り響くなか
血まみれ泥まみれの
凄惨《せいさん》な殺し場が
くりひろげられる

ついに義平次に
トドメを刺し
親殺しの大罪に
おののきながら
通りかかった神輿《みこし》の
人ごみにまぎれて
よろめきつつ
逃げ去るの
だった
ちょーさや
ちょ〜さ
ちょーさや
ちょ〜さ

ちょっと幕間 夏

夏祭をバックにくりひろげられる殺しの美学

上方歌舞伎は心中物しかないと思っていたらギッチョンチョン、こんなサッソウとした男伊達の話もあったのね〜っ! と思わず叫んでしまった作品で人形浄瑠璃から歌舞伎化したそうですが、いまにも蝉時雨《せみしぐれ》が聞こえてきそーな昔の大阪の夏の情緒いっぱいの舞台です。

　しかし上方歌舞伎に出てくる男って、善悪役を問わず（主人公でも）どこか愛嬌があると思いません? 　この団七なんか特にそんな感じで『住吉鳥居前《すみよしとりいまえ》の場』で出てきたトコを見たら「こいつのどこが伊達なんだ〜っっ!?」と海老反《えびぞ》っちまいますぜ、ホントに! 　まぁだからこそすぐあとのスッキリシャンと変身して登場する場面が引きたつんですけどねー。（でもやっぱり性格はどことなくひょーきんなの）

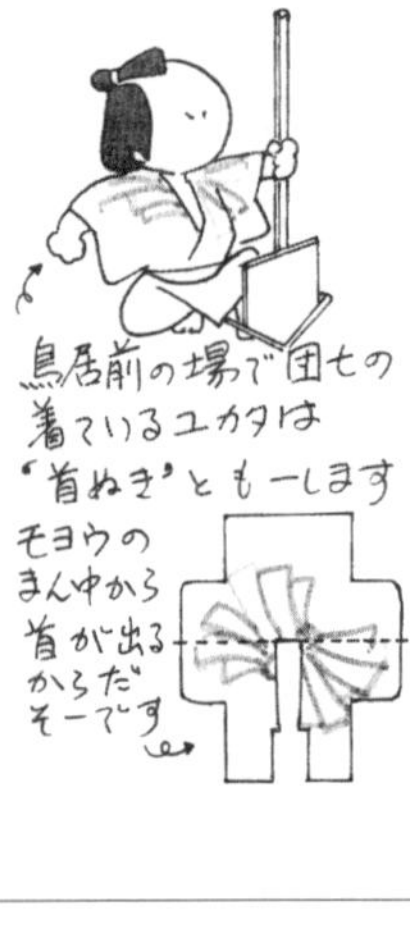
鳥居前の場で団七の
着ているユカタは
"首ぬき"ともーします
モヨウの
まん中から
首が出る
からだ
そーです

いちばんの見どころはなんといっても『長町裏』の殺し場で、町中のしかも陽気な祭《まつ》り囃子《ばやし》をBGMに繰り広げられる殺人シーンという設定が場面の臨場感をもりあげる心憎い演出になっています。

殺し場で
団七がキメる
いろんなポーズも
見どころ♡
おふんどしいっちょの
シーンなので やっぱり
若々しいお肌の役者サンのが
いーな〜

この場の義平次《ぎへいじ》は『忠臣蔵』で判官《はんがん》をいじめる師直《もろのお》役の心で演じるのだということですが、とにかく思い切り憎たらしくやらないと親殺しは無条件で磔獄門《はりつけごくもん》という時代の観客に「これなら殺したくなるのも無理ないナー」と納得させられまへん。たとえ人殺しをしよーとどーしよーと主人公はあくまでも被害者の立場でなければならないのでアリマス。

そーいえば団七《だんしち》の全身の彫物《ほりもの》は初演からあったのではなく幕末ごろに取り入れられた工夫だそうですが、この彫物のおかげで陰惨でリアルな殺し場が凄絶な美しささえ感じられるような効果をあげているのを見るとこの工夫を考えた人ってほんっとーに天才！　とつくづく感心してしまいますワ。

あとは『釣船三婦《つりぶねさぶ》内の場』のお辰《たつ》の見せ場も有名で、女伊達と言ってもいいくらいのカッコよさ！　あんなセリフ一度でいいから言ってみたいもんですな～。

●舞台と客席

舞台各部分の名称ですが、劇場の客席に入ると正面の“本舞台”に向かって右側が“上手《かみて》”、左側が“下手《しもて》”、客席の中を通って本舞台に続いている細い舞台が“花道《はなみち》”で、その花道の舞台寄りにあるセリ（登場人物が登・退場する上下動式の出入口）を“スッポン”と申します。さらに演目によっては客席の一部と通路を使って“仮花道《かりはなみち》”を設置することもありますが、まぁこれはメッタにございませんわねー。

客席のほうを紹介いたしますと一階（ところによっては二階も）の両サイドにある低い手すりでくぎられたタタミ敷の座席が“桟敷《さじき》”で足を思いっきり伸ばしてゆったり観たい人・規格外特大サイズの人などによろしいかと存じます。最前列の席は“かぶりつき”、ごヒイキの俳優をじっくり観たい人・臨場感を味わいたい人向き。三階の奥のほうの“大向《おおむこう》”と呼ばれている席は、舞台に声を掛ける人（インフォメーション三参照）がよく来るところで歌舞伎の雰囲気にどっぷり浸れます。切符をお求めの際は、以上のことを検討の上お好みにあわせた席をお選びくださいませ。

秋の章

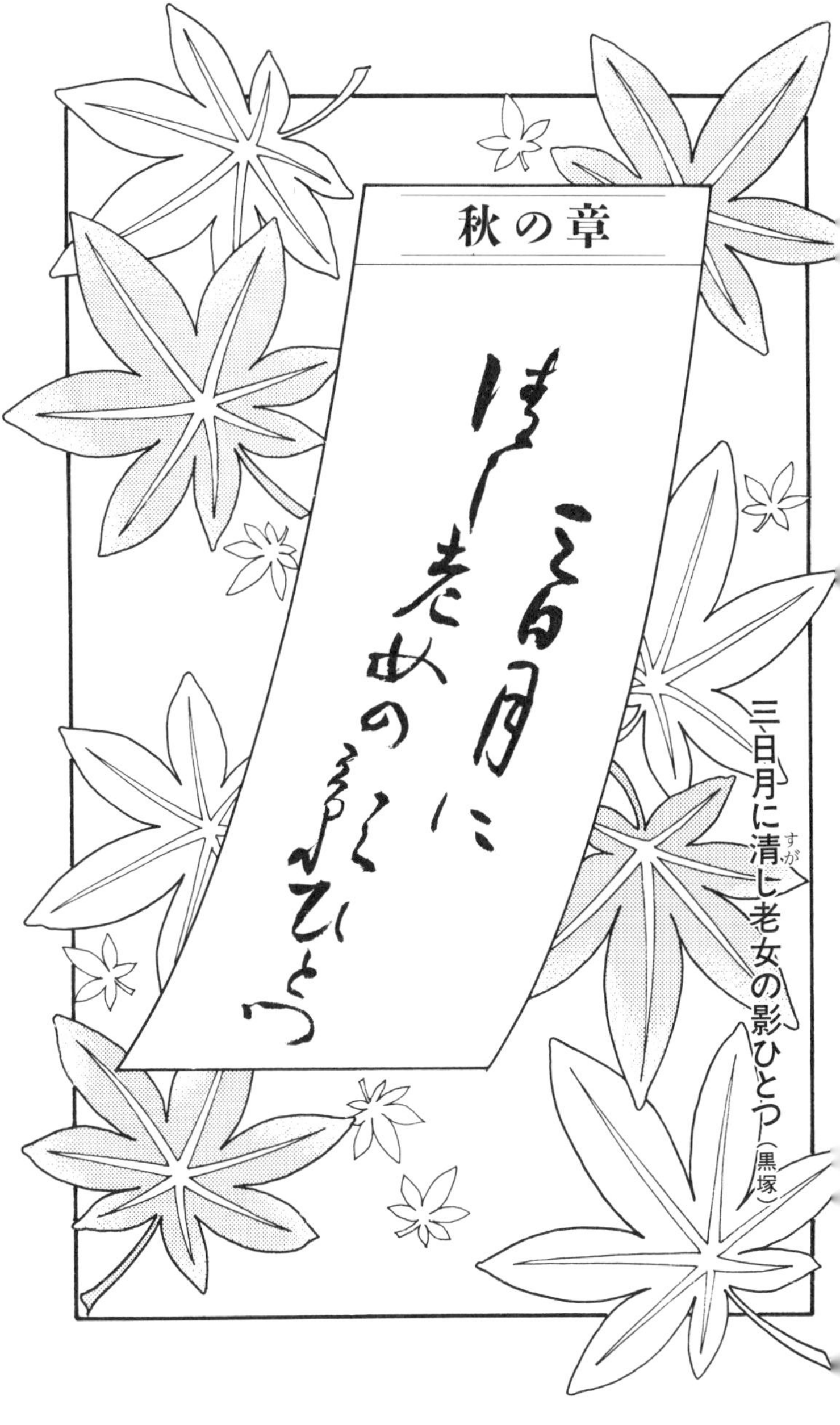

三日月に清《すが》し老女の影ひとつ（黒塚）

紅葉《もみじ》狩《がり》

見渡すかぎり
美しく紅葉した戸隠山《とがくしやま》
平維茂《たいらのこれもち》が供《とも》をつれて
紅葉狩りにやってくる
ブツブツ
ちぇ〜〜 めんどくせーな〜
山歩きなんてよ〜
ブツブツブツ
左源太
右源太
維茂

景色に見とれて
奥へ奥へと進むうち
まん幕を張りめぐらせ
酒宴を開いている
先客に出会う
かねてウワサに
聞きおよぶ
維茂《これもち》さま
しばしこれへ
憩《いこ》わせたまへ
よほど
身分のある方の
お忍びなので
あろうと
ジャマに
ならぬよう
行き過ぎようと
するところへ
侍女たちが
出てきて
呼び止める

一度は辞退したものの
姫君みずからの招きに
つい心を動かされ
酒宴に加わることにする
あら〜ん
いーじゃないの
カタイこと
いわずに
よってらっしゃいよ〜ん
さいですか
んじゃ
ちょっとだけ…
更科姫
いちめんの山紅葉
かぐわしい酒
おいしいご馳走

美しい侍女の舞
楽しい従者《じゅうしゃ》の舞
ついには維茂の所望《しょもう》にこたえて姫君があでやかに舞いはじめる
これで酔わないヤツはない

ウットリするうち主従《しゅうじゅう》ともどもバタン・グー
くか〜
維茂さまにはまどろみたもうか
これ!!
くか〜
そのとたん姫君のようすがガラリと変わった

維茂をキッと睨《にら》みすえ足取りも荒々しく侍女たちを従えて消え失せる
のっし のっし のっし のっし のっし…
なおも眠りこける維茂たちの前へ山神《さんじん》があらわれ女たちの正体を伝えて早く逃げるようにと告げる
山神

この上は足拍子で眠さまさせん
ダン ダン
ダン ダン ダン
しかし三人とも目をさまさない
どーゆー神経しとるんだこいつら!?。
ぐ〜…
ぜ〜ハ〜
ぜ〜ハ〜
か〜…。。
やがて鬼神《きじん》のあらわれる気配《けはい》に山神は退散
ヒュオオオオ……
やっと目ざめた維茂はさっきとはまるで違うあたりのようすに驚き山神のことばを夢のお告げとさとる
んにゃ…?
あれ姫は? みんなは…?
まさしく鬼神《きじん》にうたがいなし! いで正体を見とどけくれん
いっぽう家来たちは恐怖にかられて一目散
がんばってね〜
とどろく雷鳴吹き荒れる風の中維茂がさきほどのあやしい姫を追いたててくるが
まて〜
腰がぬけた

実はこれこそ
戸隠山に棲《す》む
鬼女《きじょ》であった
くわっ
きゃ〜〜っ
勇敢に立ち向かうが
鬼の毒気《どっけ》にあてられて
気を失う維茂
ちょっと〜〜
そこまでロコツに
びっくりしなくても
い〜でしょ!?
いただきま〜す♡
かぷ
ひとくちに
喰らわんと
したものの
維茂が手にした名刀
小烏丸《こがらすまる》の威徳《いとく》で近寄れず
神通力《じんつうりき》も消え失せる
あ〜〜っ
舌切った!
いて〜よ
いて〜よ
んな、アホな…
やがて正気に戻った維茂は
またもや激しい闘いをくりひろげ
ついに松の古木によじ登り
睨みつける鬼女にむかって
敢然《かんぜん》と討ちかかるのであった

ちょっと幕間　秋

綺麗《きれい》な花には刺《とげ》がある 綺麗な女《ひと》には角《つの》がある

ご存じの人もいるかと思いますが能の『紅葉狩《もみじがり》』をモトにした作品です。ふつう能からもってきたモノは〝松羽目物《まつばめもの》〟と呼ばれるのですが、これはきっちり歌舞伎ナイズされているので〝舞踊劇〟になるんですねー。短編のワリに話と場面が変化に富んでいて楽しく、見せ場も多いので人気のある演目のひとつです。

見せ場はほとんど踊りの場面で、まず侍女と従者のコミカルな踊りでしょ、更《さら》級姫《しなひめ》（実は鬼女）の華麗な二枚扇の踊りにダイナミックな山神《さんじん》の踊り、おまけにクライマックスの立ち廻りも舞踊的な動きで構成されてるし…さすが〝舞踊劇〟と言われるだけのことはありますなー。それから踊りじゃないけど、いい気持ちになった維茂《これもち》が寝込んでしまったときに姫がついドスのきいた男の声をだして鬼女の本性をチラッと見せてしまうというビックリさせられる場面があるのですが、ココはあくまでも姫君の品格をくずさずに凄味《スゴミ》を出さなければならないのでナカナカむずかしいところだそーです。

アクロバティックで優雅な
二枚扇の踊り
ちがうだろっ！
ハッ

維茂に危機を知らせる山神は初演では老人の型だったのですが、再演のとき童子姿で演じたところたいへん好評だったため今でも童子の型でやることが多くなりました。老山神も一度見てみたいと思うけど、あの激しい足拍子が映《は》えるのはやっぱり童子のほうかな〜？　ハツラツとしてカッコいいのよっっ♡

余談ですが〃舞踊劇〃にしろ〃松葉目物〃にしろ能がかりの舞台には鬼の出てくる話が多いような気がするんだけど、あの鬼サンたちが時々こういう手つき⇦するのよねー。いったいなんのこっちゃろな〜？と思っていたら、仏教では鬼の指は三本であるという説からきた表現だってぇ話で…つまり五本の指にはそれぞれ慈悲・知恵・貪欲・嫉妬・愚痴の意味があるんだけど鬼には慈悲と知恵が欠けているから、なんだって。例外として『茨木《いばらき》』に出てくる鬼だけは四本指ですが、これは主人公の叔母さんに化けて切り落とされた腕を取り返しにくるだけの知恵があるから、なんだぞーでアリマス。

引窓《ひきまど》

双蝶々曲輪日記《ふたつちょうちょうくるわにっき》

ここは京の郊外
八幡《やわた》の里

南与兵衛《なんよへえ》と継母のお幸《こう》
女房のお早《はや》が仲良く
くらしている

ある日 お幸の実の息子で
角力取《すもうと》りの濡髪長五郎《ぬれがみちょうごろう》が
人目を避けるように
たずねてくる

大喜びで
むかえるお幸

二階座敷に休ませ
いそいそと
ごちそうづくりに
かかる二人

やがて
殿様に召し出された与兵衛が
りっぱな侍姿で帰ってくる

お早とお幸に
今日から郷代官《ごうだいかん》に
取り立てられたと
うれしい知らせ

さっそく
仕事上の秘密の
相談があるからと
二人を奥にやり
待たせておいた
同役を呼び入れる

この春大阪で
われらの兄弟を
殺した犯人が
このあたりに
逃げてきたとか
有名な大関の
ぬれがみ長五郎！
して
殺したるは
なにもの？
物かげで
コッソリ
聞いていた
お幸とお早は
びっくり
ぎょうてん！

協力を約束して同役たちを
送り出し
初手柄のチャンスとばかりに
ハリキる与兵衛
からめとって
手柄のほどを
見せたれば
いちばんの
親孝行
めっそうな！
長五郎を
くくり
しゃんすと
大の不孝に
なりますぞえ
お幸の気持ちを思いやって
なんとか夫をとめようとするお早

それに
長五郎より
お前は弱い……
なにおーっ!?
あわや
夫婦ゲンカ★
そなた
長五郎とやらを
よう見知って
いやるのか…？
一度角力場《すもう》で
見かけました
大前髪に
右のホッペの
ひとつのホクロ…
うぉんてっど

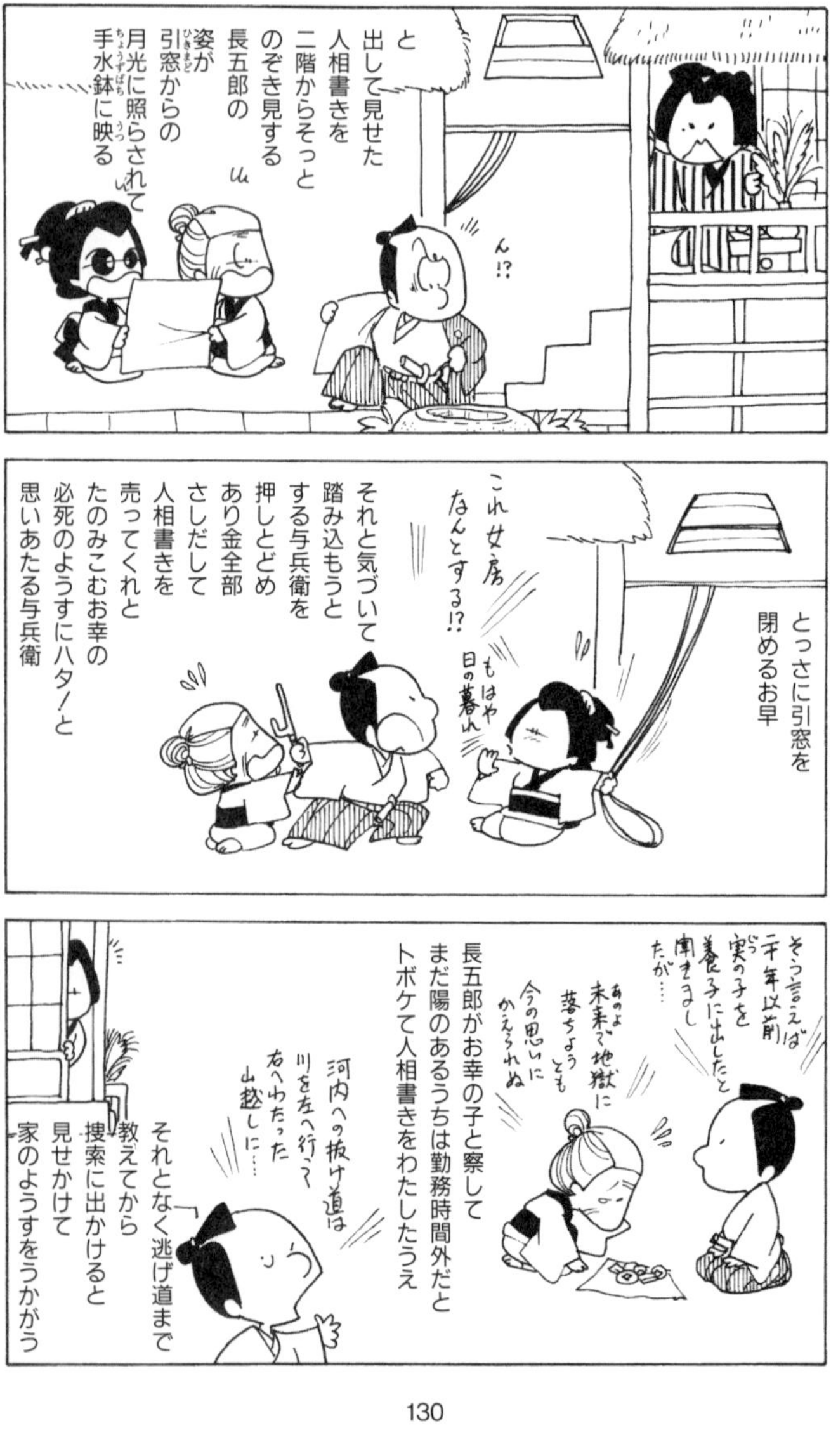
と
出して見せた
人相書きを
二階からそっと
のぞき見する
長五郎の
姿が
引窓《ひきまど》からの
月光に照らされて
手水鉢《ちょうずばち》に映《うつ》る
ん!?
とっさに引窓を
閉めるお早
もはや日の暮れ
これ女房なんとする!?
それと気づいて
踏み込もうと
する与兵衛を
押しとどめ
あり金全部
さしだして
人相書きを
売ってくれと
たのみこむお幸の
必死のようすにハタ!と
思いあたる与兵衛
そう言えば二十年以前 実《じつ》の子を養子に出したと聞きましたが…
あのよ未来で地獄に落ちようとも 今の思いにかえられぬ
長五郎がお幸の子と察して
まだ陽のあるうちは勤務時間外だと
トボケて人相書きをわたしたうえ
河内への抜け道は 川を左へ行って 右へわたった 山越しに…
それとなく逃げ道まで
教えてから
捜索に出かけると
見せかけて
家のようすをうかがう

いっそ いさぎよく捕まろうと
とび出しかける長五郎
せっかくの好意を
無にするなと
引きとめる
お幸とお早
あまりと申さば
お心ざしの
ありがたさ…
せめて親孝行と思って
逃げられるだけ
逃げておくれ
二人の命がけの
説得に
やむなく
逃げのびる
ことを
決意
このバカぢからっ
かるく
ふっただけ
なんだけど…
変装のため前髪を
そりおとすが
いでででっ
おだまりっ
目立つホクロを
どうしようかと
思案する
ところへ
与兵衛が
金包みを
投げつける
ごんっ
ぬれがみ
と
掴った!
長五郎さん
顔のホクロが
とれたぞえ
これも情《なさけ》か
かたじけない
ほんにわしは
義理知らず
わが子を捨ててでも
まま子に手柄さすが
人の道……
はが〜
んなアホな
かさねがさねの与兵衛の心遣いに
感じ入った長五郎は
実の子かわいさに継子を裏切っては
申し訳がたつまいと
逆に母親を説得

泣き泣き引窓の綱で
長五郎をしばりあげ
与兵衛に引きわたす
お幸
未練でごんす
はようナワかけてくだんせ
やあ
お手柄
お手柄
ナワがたりないのっ!
ったくよう育って……

なにくわぬ顔であらわれた与兵衛
お早に時刻をたずねるが
もう夜中にもなりましょう
たわけ者め!
七ッ半(AM5時)をさいぜん聞った
長五郎の
ナワを切り
夜が明ければ
勤務時間は
おわりだと
言い放ち
投げつけた
金包みを
旅費として
あたえる
ちゃんとこっち向いて切っちくり~~

母の愛と与兵衛夫婦の
情けあるはからいに
感謝しつつ
長五郎は
月の光をたよりに
落ちのびて行くので
あった
ありゃすぐ見つかるね~~
どす
どす
どすどす
どすどす

ちょっと幕間　秋

実の親子と義理の親子　子ゆえに迷う親心……

本題の『双蝶々曲輪日記《ふたつちょうちょうくるわにっき》』は全九段にもなる長～いお話ですが、現在はこの『引窓』と『角力場』の独立上演がほとんどで通しで上演することはめ〜〜〜〜ったにゴザイマセン。

『引窓』ではお尋《たず》ね者となった濡髪《ぬれがみ》が実母を訪ねてくる場面から始まりますが、なぜ上方《かみがた》（関西）角力の人気大関である濡髪長五郎が追われているのかというと、濡髪を贔屓《ひいき》にしている豪商の若旦那・山《やま》崎与五郎《ざきよごろう》と相思相愛の仲の遊女・吾妻《あづま》を恋敵《ライバル》の平岡郷右衛門《ひらおかごうえもん》に身請《みう》けさせないため郷右衛門が贔屓にしている素人《しろうと》角力の花形・放駒長吉《はなれごまちょうきち》と八百長《やおちょう》試合をしたりして力をつくすがうまくいかず、ついに郷右衛門を殺してしまうという『お主《しゅう》あるいは恩人のため自分を犠牲にする』歌舞伎得意の不滅のパターンがあったのでした。昔も今も人気力士に贔屓がつくのはかわりないけど、こーゆー手のかかる贔屓は有難迷惑っつーモンだよねぇ。

ちなみに、題名の『双蝶々――』とは濡髪長五郎の長と放駒長吉の長とをひっかけたものだそーでアリマス。

本《ほん》朝《ちょう》廿《にじゅう》四《し》孝《こう》

越後《えちご》の長尾謙信《ながおけんしん》と
甲斐《かい》の武田信玄《たけだしんげん》は
諏訪明神《すわみょうじん》から武田家へ授《さず》けられた
諏訪法性《すわほっしょう》の兜《かぶと》を巡《めぐ》って長年争《あらそ》っていたが
足利将軍義晴《あしかがしょうぐんよしはる》が何者かに暗殺されたため
一時休戦して犯人を捜索することになり
休戦のしるしとしてお互いの
息子と娘を婚約させた
謙信
信玄
勝頼
八重垣姫

しかし
武田家の嫡男《ちゃくなん》・勝頼《かつより》は
期限までに暗殺犯を
捜し出せなかった
責任を負って切腹する
政略婚約とはいいながら
りりしく美しい勝頼に恋していた
長尾家の息女・八重垣姫《やえがきひめ》はそれ以来
勝頼の絵姿《えすがた》に香《こう》を手向《たむ》け
念仏を唱える日々を送っていた
そして最近召し抱えられた
腰元の濡衣《ぬれぎぬ》もおなじように
亡き恋人の菩提《ぼだい》を弔《とむら》っていた
濡衣

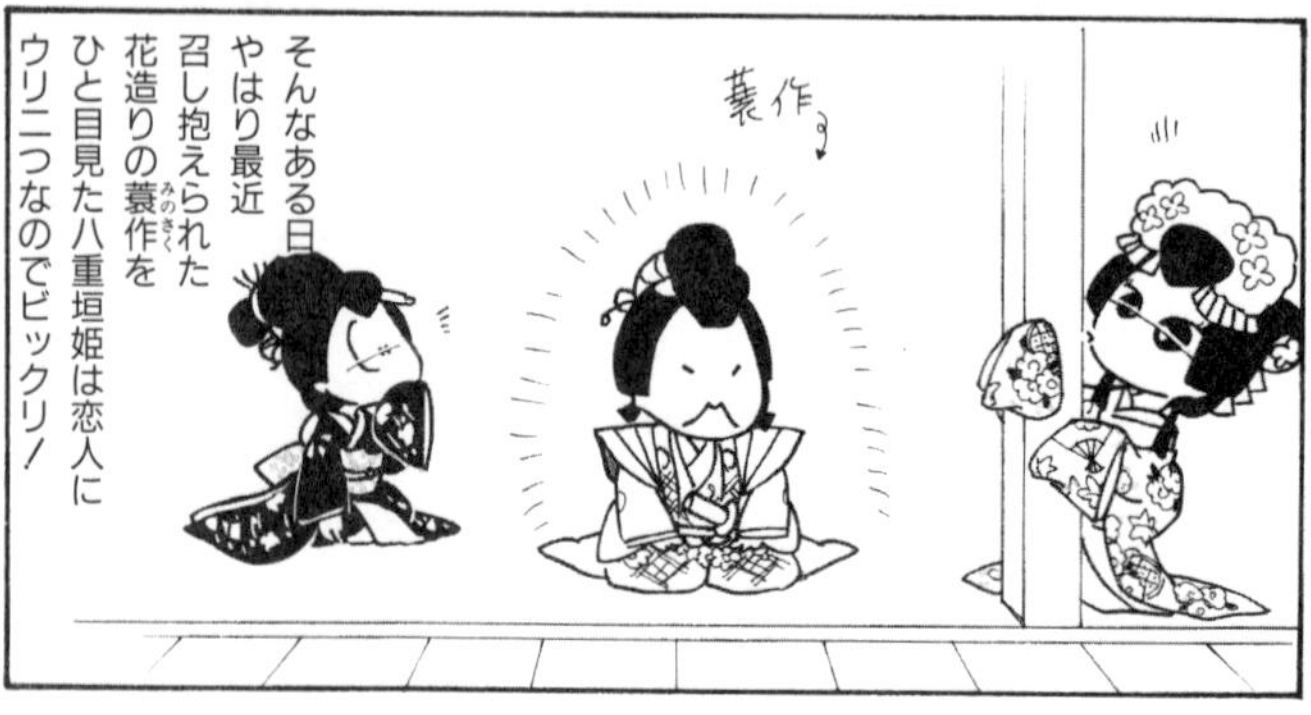
そんなある日
やはり最近
召し抱えられた
花造りの蓑作《みのさく》を
ひと目見た八重垣姫は恋人に
ウリ二つなのでビックリ！
蓑作

思わず部屋から走り出てすがりつく八重垣姫
人違いでござりましょう
あきらめきれず濡衣に仲を取り持ってくれと頼むが
すわほっしょうのカブトをあげれば…
ひどいわっ!
婚約したでしょっ
訴えてやるっ
あの兜を欲しがるからはやはり本物の勝頼に違いないと涙ながらにかきくどく八重垣姫
その件につきましては〜前向きに善処したいと〜
あくまでシラを切る蓑作
ぷ〜
くやし〜っ死んでやる〜っ
こうなったら勝頼への操《みさお》をたてて自害しようとする姫をあわてて止めた濡衣はコトの真相を打ち明ける
実は切腹したのは幼いころにすり替えられたニセ者の勝頼で蓑作こそ本物の勝頼その人であった
(ちなみに濡衣とニセ勝頼は恋人同士だった)
きゃっ♡

長尾家に
奪われた
武田の重宝
諏訪法性の兜を
取り返すため
濡衣とともに
館へ入り込んで
いたのだと
聞かされた
姫は許嫁《いいなずけ》が
生きていた
嬉しさに
姫君の身にも
似ず大胆な
愛の告白♡
のちとは言わず いま ここで……♡
蓑作《みのさく》
蓑作
しかし喜びもつかの間
奥から蓑作を呼ぶ謙信の声に
あわてて部屋へ逃げ込んで
ようすをうかがう濡衣と八重垣姫

塩尻の陣営へ手紙を届けるように
いいつけられた勝頼が
出発したのを確かめた謙信は
家来の白須賀六郎《しらすかろくろう》と
原小文次《はらこぶんじ》を呼び出し
すぐに追跡して
討ち取るように
命令する
殺《や》れ!!
は,
謙信は蓑作が勝頼であることを
とっくに見破っていたのでアル

あやしい女め!
おどろいた姫が
なげき悲しむのも
無視した謙信は
濡衣も武田の
間者《スパイ》とニランで
取り押さえる
なんとか勝頼に
危険を知らせる
方法はないものかと
思い悩む八重垣姫は
いつしか
諏訪法性の兜を
祀《まつ》った祠《ほこら》のある
奥庭に来ていた

鳥になりたい
飛んで行きたい
ぱた
ぱた
このうえは神仏を頼るほかはないと
兜を手に取り一心に祈るが
ふと池に映る自分の姿を見てビックリ!
きゃっ!?。

さてこそ
諏訪明神の御神体ともいえる兜に
明神のおつかいの狐の精が宿ったかと
思い当たり　諏訪湖に張った氷の
渡《わた》り初《ぞ》めをすると言われている
神の狐の宿る兜を持っていれば
湖を渡って行けるに違いないと
喜び勇む八重垣姫
おお
かたじけ
なや

とめる捕手《とりて》の
者たちを
打ち払い
父を裏切り
国を捨て
乙女心の
恋ひと筋に
愛《いと》しい勝頼の
あとを追って
飛ぶように
走り去るの
だった
どだだだただ…
どいた
どいた!

ちょっと　幕間　秋

いつの世も恋する娘は純情一途・騒動のモト

斉藤道三《さいとうどうさん》だの武田勝頼《たけだかつより》だのと実在の武将が実名で出てくるなんて歌舞伎にしてはめずらしいなと思ったけど、室町時代出身の人物だと気がついたらナットク。なにしろ実際に起こった事件をモトにした話をつくるときは、たいがい舞台設定をこの時代に持ってくるのが歌舞伎の得意技なんですから……。これはナゼかと申しますと江戸幕府の取締りを逃れるためだったんですねー。いつの時代でも庶《お》民の批判を嫌う政治家たちは歌舞伎を幕府《かみ》にタテつく文化と見て、なにかというとイチャモンをつけて取り潰しのチャンスを狙っていましたから文句をつけられてもゴマかせる時代に設定を移す必要があったのでした。（やっぱり武士がまだ活躍していない平安時代では困るし統率者が安定していない戦国時代でもマズイしっつーことなのかしら？）

そーゆーワケでこの時代の話ならそのまま使えたのですが、時代考証などなかった頃のこととて衣装や生活様式などは江戸時代のままですから今見るとなんとなくケッタイな感じを受けますナ～。

　通しの主題は武田と上杉の戦いですがこの〝謙信館の場〟では八重垣姫《やえがきひめ》の恋心が話の中心で、深窓の令嬢にも似合わぬ大胆な求愛《プロポーズ》シーンと勝頼の命を助けたいと苦悩する姫に諏訪法性《すわほっしょう》の兜《かぶと》に宿る狐の精が乗り移ってからの立ち廻りが見どころ。

　それにしても親も家も国も捨てて許嫁のもとに走るなんて姫君にはめずらしい情熱的な性格だと思うでしょうが、実は歌舞伎にはこのテのお姫さまやお嬢さまがけっこう多かったりするのよねー。

　なにもかも振り捨てて恋に生きるというのは時代を問わぬ女の夢なのかしら?

　それともそこまで愛されてみたいという男の夢だったのかしら……?

鮨《すし》屋《や》

義経千本桜《よしつねせんぼんざくら》・釣瓶鮨屋《つるべすしや》の場

平家が壇《だん》の浦《うら》で滅《ほろ》び
源氏の世になった
のち――
大和国《やまとのくに》・下市村《しもいちむら》の
村はずれの茶店で
身分の高そーな
旅姿の母子連れと
供侍《ともざむらい》が休んでいる
小金吾
六代君
若葉の内侍

どうやら子供は体のぐあいが悪いらしく
薬をきらして困っているようす
世間に鬼は
いないもので
ござりまする
なあ
ほんに…
茶店の女房
小《こ》せんは
近くに薬を
売っている
ところが
あるから
買ってきて
やろうと
伜《せがれ》の善太《ぜんた》を
連れて
出かけていく
実はこの三人連れ
平維盛《たいらのこれもり》のゆくえを探している
御台所《みだいどころ》の若葉《わかば》の内侍《ないし》と
若君の六代君《ろくだいぎみ》
家来の主馬小金吾《しゅめのこきんご》であった

小せんの親切に感謝しながら
帰りを待つ間に椎の実を拾って
子供を遊ばせているところへ
いがみの権太《ごんた》と呼ばれる
このあたりのならず者が
旅姿で通りかかり
いわくありげな
三人連れだと
目をつける
いがみの権太

坊っちゃん 坊っちゃん もっといい 木の実を とって あげやしょう
親切ごかしに話しかけ やがて急いで走り去るが 荷物が取り違えられたのに 気づいた小金吾が追いかけ ようとするところへ あわてて戻ってくる
あ〜っ 荷物が 違ってる!
ウッカリ荷物を間違えたと 詫びる権太に中身を調べて 間違いなしとうなずく小金吾
ハブラシある タオルある ティッシュ ある……
ありゃ 入れといた 二十両が ねーぞ!
ところが自分の荷物を 調べた権太が二十両 なくなっていると さわぎだす
さては騙《かた》りに ひっかかったかと 歯がみするが 追われる身の くやしさ 争うわけにも いかず やむなく 二十両わたして そそくさと 立ち去る 三人
うぬれ〜
あんまり ニラムと ヒラメに なるぞ〜い
そのようすを 物陰から見ていた 小せんは 権太に 意見をする
権太どの おまえは また……
二人は夫婦なのでアル
小せん
善太

反省するどころか
権太は
若気《わかげ》のあやまちで
遊女だった小せんに
のぼせあがり
道を踏みはずし
たのだと
かえって居直る
しまつ
おめーの せいで…
うっさいわね いつまでも ウジウジと!
父《ちゃん》! 手ェはなしちゃ いや〜〜ん
なおも母親のところに金を
ユスリに行こうとするのを
善太に引き止めさせ
一緒に家路につくことになる
いっぽう小金吾たちは
追手《おって》に見つかり逃げまわるうち
離ればなれになってしまう
御用
御用
深傷《ふかで》を負《お》いながらも
追手を斬り払いつつ
御台所と若君を探して
山中をさまよう小金吾
小金吾 死んじゃ いや〜っ
ガク ガク ガク ガク ガク
死んで たもるな や〜っ
死ぬ〜っ!
なんとか二人に
めぐりあえたものの
小金吾はもはや虫の息
この道を まっすぐ 逃げのびて…
泣きすがる二人をはげまして
無理やり立ち去らせ
追手のリーダーを道連れに
壮絶な斬り死!
じわ〜っ

そこへ通りかかった
里の鮓屋《すしや》の主人
弥左衛門《やざえもん》
なにを思ったか
小金吾の死骸の
首を斬り落とす
なむあみだぶつ
弥左衛門

さて
今までのは通称《つうしょう》『木《き》の実《み》』と呼ばれる
『椎の木の場』と『小金吾討死の場』で
ホントはここからが本番の『鮓屋の場』

吉野の里の
釣瓶《つるべ》鮓屋が
舞台である
ちょうど奉公人《ほうこうにん》の弥助《やすけ》が
腰つきもあぶなっかしく
鮓桶《すしおけ》をかついで帰ってくる
ひょろ
ひょろ
弥助
さぞつかれたことでござんしょう
わたしがかたづけておくわいな
かるがる
お里
鮓屋の娘お里《さと》は弥助に
ぞっこんホの字♡

しかも弥左衛門から
今夜祝言させてやると
言われて嬉しさの絶頂
帰った時はこういうポーズで戸をあけて…
ほらほら足がちがう
早くも
女房きどりで
いそいそと
世話を焼き
新婚生活の
リハーサルまで
やらせる
はしゃぎよう
むずかしいものでござりまするな
なにやってんだおまえら
そこへやって来たのが
勘当《かんどう》された兄の権太

親不孝者が！
なにしに
戻ってきやったぞ!?
ぷいっ
お米
母親のお米《よね》に
金をねだろうと
するがアッサリ
つっぱねられ
じつは
ドロボーに
年貢《ねんぐ》の金を
盗まれて……
もう
死ぬしか
ございません
ぺと
ぺと
それならばと
代官所《だいかんしょ》に納める年貢《ねんぐ》の金を
盗まれたとウソ八百
そら涙をしぼって泣き落とし
辛《から》いようでも甘《あま》い母親
しょっぱい顔で意見しながら
ついコロリとだまされて
父親にナイショで三百貫《かん》を
渡してやる
ちくしょー
悪いところへ
帰ってきやがって……
しめしめと
ばかりに
帰りかけるが
父親の
姿をみつけ
あわてて
鮓桶の中へ
金を
かくして
自分も奥へ
かくれる
なにやら
ふくらんだ
羽織を背負って
よろよろと
帰ってきた
弥左衛門
こっそり
取り出した
羽織の中身は
なんと小金吾の首！
ころん
かくし場所に困って
これも鮓桶の中へ

人のいないのをたしかめて
迎え出た弥助への態度を改め
上座《かみざ》へ座らせる弥左衛門
実はこの
弥助こそ
源氏方が
やっきになって
探している
平家の落人《おちうど》
三位《さんみ》の中将《ちゅうじょう》
平維盛であった
きりっ
かつて維盛の父・重盛《しげもり》に
恩をうけた弥左衛門は
逃避行中の維盛に出会い
世間の眼をあざむくため
奉公人として連れ帰り
ずっと匿《かくま》っていたのだが
追手の鎌倉方に知れたため
上市村《かみいちむら》の自分の隠居所《いんきょじょ》へ
逃げるようにすすめる
まず まず…
お里との
祝言も
逃亡の際に
維盛の世話を
させようとの
考えからで
あった
弥助さん♡ どこじゃえ？
あた
ふた
そんなこととは夢にも知らず
はずみきったお里はさりげなく
夫婦《めおと》の契《ちぎ》りの新床《にいどこ》へ誘うが
維盛はただモジモジするばかり
あれ お月さまも 寝やしゃんした♡
しびれをきらせて
先に床につくお里
維盛が一人もの思いに
ふけっているところへ
一夜の宿を頼む女の声に
戸を開けてみてビックリ
若葉の内侍《ないし》！
六代！
わが君さま！
父上！

手をとりあって
再開を喜びあうところへ
泣きながら走り出てきたお里
その お女中は どなた!?
ちゃう ちゃう! なんにも してないっ
情ない お情に あずかり ました…
はじめて維盛の素性を知り
身分違いの恋の恐れおおさと
哀しさに嘆き悲しむが
維盛を捕まえに来るとの知らせに
三人を上市村へ逃がしてやる

そこへ飛び出してきた権太
三人を引っ捕らえて
褒美《ほうび》の金をもらうのだと
とめるお里を蹴り倒し
金をかくした鮓桶を抱え
あとを追ってまっしぐら
維茂弥助
ひっくくって 金にして くれる
兄《あに》さんが 三人の あとを 追って…
さわぎに おどろいて 出てきた 弥左衛門 お里から わけを聞き 権太を追って 飛び出すが
いっ!?

維盛を逮捕しにきた
梶原景時《かじわらかげとき》とバッタリ
匿っている 維盛を出せと 詰め寄られ この時の ためにと 用意して おいた ニセ首を 入れた鮓桶を とりだす
この中には 維茂さまの 首が…
いやいや わしの 大事なものが…
梶原景時

ところが出てきたのは
首にはあらず三百貫の金
おのれ三人を逃しおったなそこ動くな！
怒った梶原が一家を討ち取ろうとしたその時
維茂弥助うちとった！
権太が若葉の内侍と六代君を縛り上げ維盛を討ち取ったと首を入れた桶を抱えて意気揚々とやってくる
顔《つら》ァあげろい！
その陣羽織をもってくれば金ととりかえてやるぞ
なるへそ
歩《あゆ》め！
維盛の首と内侍と六代を受け取った
梶原は後で褒美とひきかえるようにと
頼朝の陣羽織《じんばおり》を権太に与えて
引き上げていく
おのれおぼえたか〜っ
ぎゃっ★
見送る権太のわき腹へ
父親の怒りの刃《やいば》が突っ込まれた！

ここで性根を改めずば
いつ親父さまのごきげんのなおる時節もあるまいと…
聞こえぬぞよ権太郎
苦しい息の下から意外な真相を打ち明ける権太
死にかけてる者の言うことくらい信用せんかい!。
それで何回だまされたか……
だいいち御台《みだい》さまと六代君をわたしたくせに!
実は取り違えた鮓桶の中の首を見て維盛の身替わりにするつもりだと察した権太
お二人さまとみえたのはこの権太郎の女房せがれだ!!。
弥助と茶店で出会った母子こそ維盛親子だと見抜き性根《しょうね》を入れかえて父親の苦境を救い勘当を許してもらうのはこの時と考えついた替え玉作戦だったのだ
おおお三人ともご無事で……!
維盛たちの無事な姿に喜びながらもついに名乗りあうこともできず身代わりとして引き立てられていった嫁と孫を思って嘆く弥左衛門とお米
嫁よ姑《はは》よと一度だけでも…
子供が遊んでいるのを見れば孫はいぬかとつい声を……

せめて怨みを晴らさんと陣羽織を切り裂こうとする維盛
中から出てきた袈裟《けさ》と数珠《じゅず》
頼朝の心ざしを受けて出家なさん
わたくしもご一緒に
お連れくださりませ
以前に頼朝の命を助けた維盛への恩返しだと悟りその志《こころざし》を受けて出家《しゅっけ》を決意する
キミは子育てがあるでしょ
ホラ兄さんのかわりに親孝行しなきゃ
女房と倅の命をかけた計略もすでにバレていたのだと知った権太は嘆きのうちに母に抱かれて息絶えるのだった

ちょっと幕間 秋

札つきのならず者でもやはり人の子・人の親

春の章の『四《し》の切《きり》』と同じく『義経《よしつね》千《せん》本桜《ぼんざくら》』という長〜いお話の中のひと幕ですが、義経も弁慶もまるっきり出てきません。この幕に限らず題名に『義経』とつくワリには全編通して義経が主役になっている話は少なくて、どちらかと言えば義経に関わる人々のドラマと言ったほうがいいみたいですねー。『鮓屋《すしや》』の権太《ごんた》と『四の切』の忠信《ただのぶ》、それからこの本には入ってないけど『大物浦《だいもつのうら》』の知《とも》盛《もり》。この三役全部を演じることを〝歌舞伎の卒業論文〟と言うそうですが、たしかにどれひとつとってもメチャクチャ大変そーな役ばっかり！

権太の左眉の
上のホクロは
昔、この役で
大当りをとった
五代目松本幸四郎の
ホクロを 敬意をあらわす意味で
マネしてるんだそーです。
'伽羅先代萩《めいぼくせんだいはぎ》'の
仁木弾正の
ホクロも同じ

数年前に市川猿之助《いちかわえんのすけ》が『四の切』の宙乗りで大評判をとるまでは『鮓屋』のほうが上演回数が多かったんじゃないかしらん？　それもホントに『鮓屋』の場だけで『椎《しい》の木』と『小金吾討死《こきんごうちじに》』を上演することは珍しかったのよねー。最近はよく三場続けてやるようになりましたが前の二場があると話の内容と登場人物の立場がわかりやすくなるのでウレシイ傾向です。見せ場も『小金吾討死』の場の迫力ある立ち廻り『椎の木』と『鮓屋』の場の権太のどことなく憎めない悪人ぶり、弥左衛門《やざえもん》・権太《ごんた》・維盛《これもり》の三人三様の家族愛などなど、よりどりみどりてんこ盛り♡　……でもまア、やっぱり首実検から権太の最期へ続く場面が最高のクライマックスでしょーなー。親の命を助けるために妻子を犠牲にしたあげく二人への詫びと後を追うために親の手にかかるなんて、まったくホカに方法はなかったのか!?　と言いたくなるくらい悲惨な結末だけど、それだけに追い詰められて思いつめたそれぞれの立場がヒシヒシと感じられる名場面です。

ちなみに、この場の権太のように悪人だと思われていたのが、本心をあかすと実は善人（あるいは味方）だったという演出を〝モドリ〟と申します。

もひとつオマケに昔の粋筋《いきすじ》で寿司のことを〝弥助《やすけ》〟と言うのと、大阪で手に負えない腕白のことを〝権太〟と呼ぶのは、この芝居からきているそーです。

黒塚《くろづか》

ここは奥州《おうしゅう》・安達原《あだちがはら》
うら寂しい荒れ野の中にただ一軒
取り残されたようなあばら家で
老女が糸を紡《つむ》いでいるところへ
こよい一夜の宿をお願い申す
祐慶
見るからに偉そーな
旅の修業僧《しゅぎょうそう》の一行《いっこう》が
泊めてほしいと言ってくる

祐慶《ゆうけい》という阿闍梨《あじゃり》（えら～い坊サン）の
徳《とく》のそなわった人柄に感じ入った
老女・岩手《いわて》はこころよく一行を
招き入れる
供僧
いかにもわらわは都の生まれ…
ふと部屋の隅にある
糸車に興味をひかれた
祐慶に使い方が
見たいと頼まれて
糸繰り唄《いとくりうた》を唄いながら
糸を繰ってみせるが
これは糸をとり苧《お》さつみいやしき賤《しず》の女《め》が営む業
岩手
そのようすから
モトは身分の高い家の
出身であろうと見抜かれ
身の上話をはじめる

流罪《るざい》になった父と一緒に
陸奥《むつ》の国をさすらううち
ある男と夫婦《めおと》の契《ちぎ》りを交《かわ》したが
やがて男は彼女を捨てて都に行き
便りも来なくなってしまった
つくりし罪も仏戒により悟りの道に入るならば来世は成仏得脱《じょうぶつとくだつ》
それ以来
夫を恨み世を呪い
なんの希望もない
日々を送るうち
このように落ちぶれ
老いさらばえて
しまったのだと
涙ながらに語る岩手
強力

あなたはァ～ 神を～ 信じますかァ？？
宗旨《しゅうし》が ちがうっ
祐慶の教えの言葉に 救われた思いの岩手は せめてものもてなしにと 裏山へ薪《たきぎ》を取りにいくが
あれなる 閨《ねや》の内ばし 必ず必ず ご覧じあるな
なにしに 他人《ひと》の 寝所など
と念を押して出かける
そう言われれば かえって 見たくなるのが 人のつね
いかなるものが 隠《かく》してあるか てまえがコソと 見てまいりましょう
無用じゃ！
祐慶たちの眼をぬすんで コッソリのぞいた強力 たまげたのなんの！
カサコソカサコソカサコソ
部屋いちめんの血の海に 喰いちぎられた死体の山!!
ひえええ～っ
さてはこれこそ噂《うわさ》に聞いた 安達原の鬼女《きじょ》のすみかで あったかとおどろく祐慶

いっぽう家でそんな騒ぎになっているとはつゆ知らぬ岩手
聖《ひじり》の教えにわが妄執の雲も晴れ
心清《すが》しきながめじゃなあ…
薪を背負って帰る道々祐慶の教えを思い出しこんなあさましい鬼女となりはててしまった自分でも罪を悔い改めて仏にすがれば救いが得られると思うとあまりの嬉しさに心も軽く喜びの踊りを踊りだす

そこへあわをくって逃げだしてきた強力がバッタリ
ぎゃっ
道をまちがえた
そなたは強力《ごうりき》どの…
岩手を見て腰を抜かした強力のようすに閨《ねや》を見られたと直感
さては閨の内を見たであろう

あら憎や腹立ちやわが発願《ほつがん》もこれまでなり！
あれほど念を押したにもかかわらず約束を破った人間の不実さに腹を立てた岩手は仏の教えを信ずる気もなくなり
さてはあれこそうわさに聞く鬼女の住み家《か》なりしか
それなる客僧《きゃくそう》とまれとこそ！

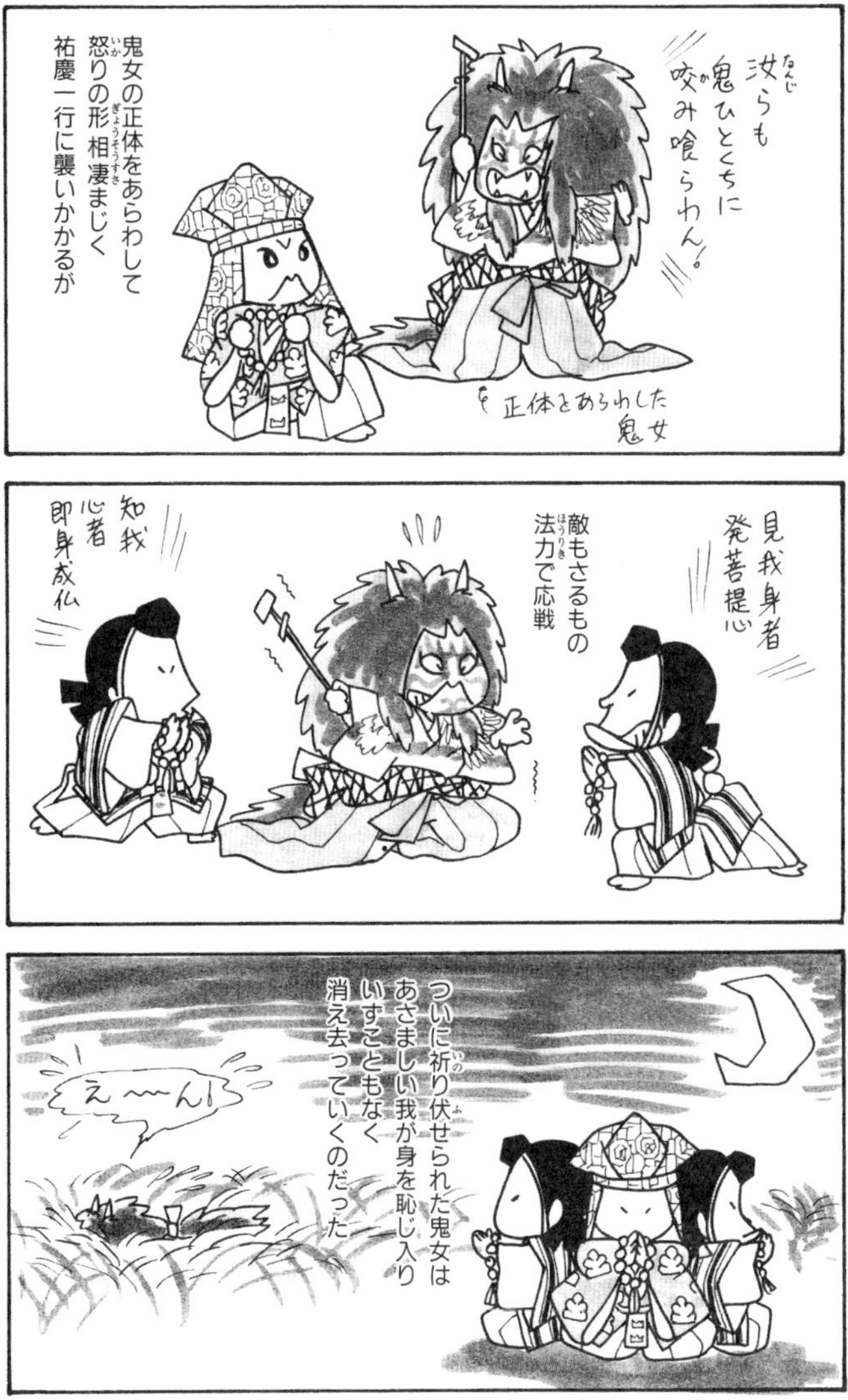
汝《なんじ》らも
鬼ひとくちに
咬《か》み喰らわん！
鬼女の正体をあらわして
怒《いか》りの形相凄《ぎょうそうすさ》まじく
祐慶一行に襲いかかるが
正体をあらわした鬼女
見我身者
発菩提心
敵もさるもの
法力《ほうりき》で応戦
知我
心者
即身成仏
ついに祈《いの》り伏《ふ》せられた鬼女は
あさましい我が身を恥じ入り
いずこともなく
消え去っていくのだった
え〜〜ん！

ちょっと 幕間 秋

鬼の心をつくるのは恨みか妬みか悲しみか…

歌舞伎には鬼の出てくる話がたくさんありますが、鬼に同情してしまったのはこの作品だけでしたね〜。ホカの話では退治する役が豪傑とか武将とかなので対抗上鬼も荒々しく恐そーに描かれているのかもしれませんが、とにかく性格は攻撃的で相手を倒すことにのみ執着しているのがほとんどなのに比べて『黒塚《くろづか》』の鬼女には自分を客観的にながめて悩み苦しむという人間っぽさが残されています。これはやはり生まれながらの鬼と、恨み・嫉妬・欲望・深い悲しみなどが凝り固まって鬼になってしまった人間という事情の違いなのでしょうか…？ テーマはかなり哲学的ですが、けっしてわかりにくいとかシチムズカシイとかいうことはなくて素直に楽しく感動できます。

これも『紅葉狩《もみじがり》』などと同じく〝舞踊劇〟に入りますからとーぜん踊りの見せ場がありますが、なかでも仏にすがれば救われると聞いた鬼女が嬉しさのあまり月光の下で踊りだす〝月の踊り〟は有名な場面です。それから鬼女の正体を知った強力《ごうりき》が逃げだすときのコメディタッチな踊り———これが実におかしいので、なおのこと後半の鬼女の凄味《スゴミ》が増して見えるというワケです。

早いとこ逃げだそうとするのだが
腰が抜けてて思うように走れない…
というコミカルな強力の踊り。
実はコサック・ダンスからヒントを得たんだそーです。
ヘーイ!

そのほかにも〝糸繰《いとく》り唄〟とか山へ向う岩手が思わず猜疑心にかられて振り返るトコとか怒りに燃える鬼女がススキの原へ消える場面とか山盛りありますが、なんといっても最大の見せ場は鬼女の正体をあらわしてからの阿闍梨《あじゃり》たちとの立ち廻りで、静と動をたくみに取り入れたダイナミックな殺陣《たて》は一見の価値がありまっせ〜♡

全体としては歌舞伎らしい様式美《ようしきび》の世界と言ってもいいと思うんだけど、こまかく見てみるとけっこーリアルな演出が入ってたりする不思議な舞台で、リアルさと様式美のいいとこ取りってな気がしますねー。

正体を知られたと悟った岩手がススキの原へ消える場面図解
きっ！
まず正面を向いてポーズをきめ
そのまままうしろへジャンプ！
ーと同時に黒衣《くろこ》が背負い投げの要領でうしろへブン投げる
よいやっ
「地蔵倒し」に挑戦してみた
一回目…
恐がって早目に手をつき腹をうつ★
二回目、ギリギリで手をつき
思いっきし顔面をうつ。

法力《ほうりき》で金しばりになった
鬼女《きじょ》がそのまま前のめりにブッたおれる場面
これを「地蔵倒し《じぞうだお》し」(または仏倒し」)と申しまして、観客にわからないよーに手をつくタイミングがたいそうむずかしいワザであります
はっし!
これでコリリャー!ものを今度は「海老《えび》ぞり」に挑戦する。
—結果は
お察っしのとおりみごとに!
ぐきっ
脳天うって眼をまわしたのでした
ごんっ!

●掛《か》け声

上演中に客席から「○○屋っ」などと大声で叫んでいるのにビックリした———なんて人はもうさすがにいないと思いますが、あの声のことです。

俳優の演技や登・退場の時などにその俳優の屋号（インフォメーション四参照）を呼びかけ、場合によっては「待ってました」「ご両人」などのバリエーションをつけますが、客席三階の大向《おおむこう》（インフォメーション二参照）あたりに声を掛けるお客が集中していることから、この声を掛ける人のことも“大向サン”と呼んでおりまして、まぁ芝居を盛り上げてくれる合《あ》いの手《て》ってぇトコでしょうか。よくライヴなんかでもキャーキャー歓声をあげたり歌手やバンドの名前を絶叫したりするファンがおりましょ？　心理的にはあれと似たよーなモンじゃないかと思うのですが‥‥ま、名場面・見せ場・名演技などに対するホメ言葉がわりだと思えばヨロシイ。ただし掛け声は“掛けどころ”というものがありまして、好き勝手なところで声を掛けられたら俳優はヤル気をそがれるし観客はシラケるしの大ひんしゅく！となりますので、気をつけましょう。

冬の章

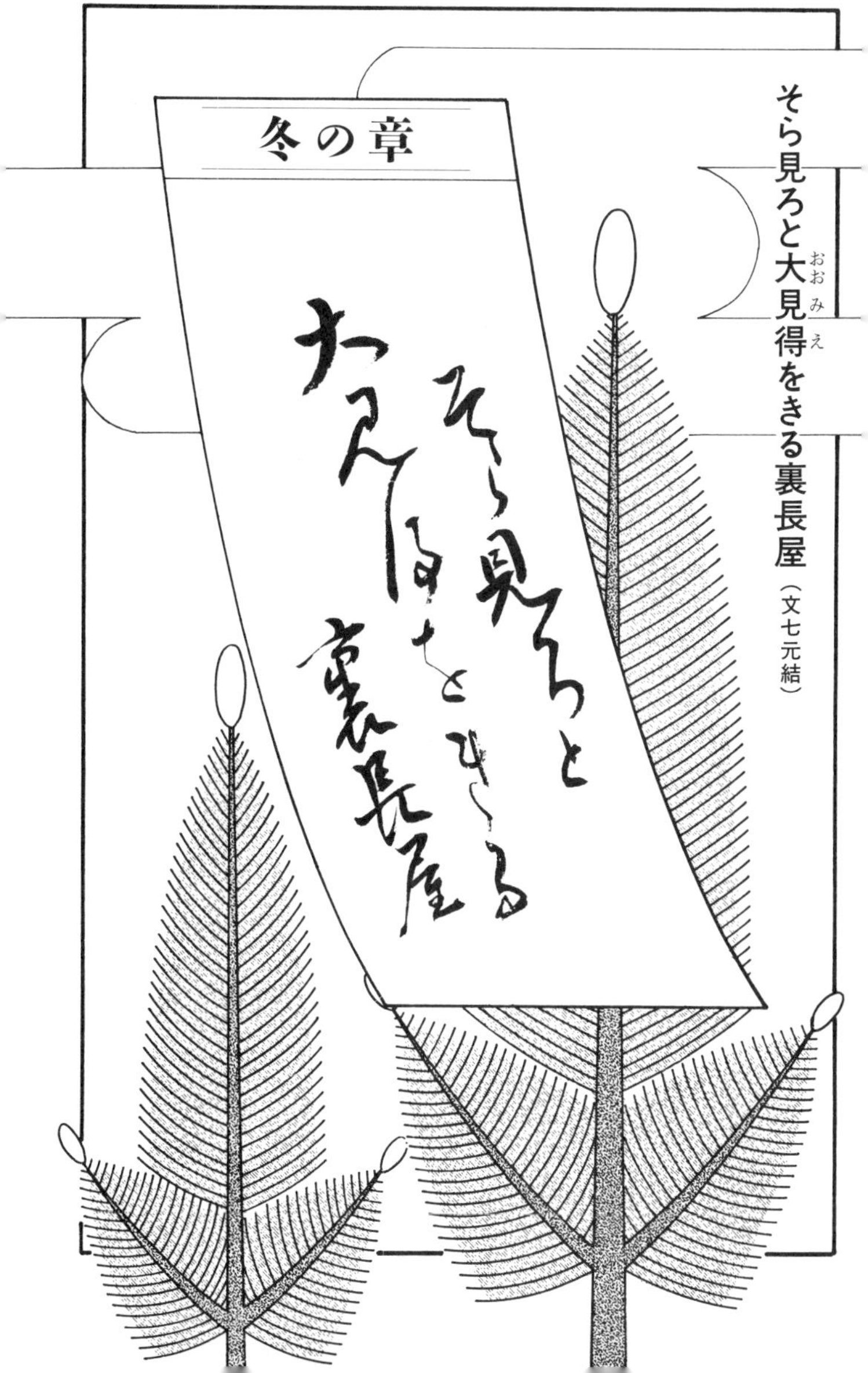

そら見ろと大《おお》見得《みえ》をきる裏長屋（文七元結）

勧《かん》進《じん》帳《ちょう》

源氏と平家の戦いで
手柄をたてた源 義 経《みなもとのよしつね》だが
人気が高くなりすぎて
兄・頼朝《よりとも》に疎《うと》まれ
今では都を追放されて
全国指名手配の身

こうなっては昔
義経を我が子同様に
かわいがってくれた
奥州《おうしゅう》の藤原秀衡《ふじわらのひでひら》を
頼るほかないと
家来の武蔵坊弁慶や
四天王《してんのう》たちと一緒に
山伏《やまぶし》と強力《ごうりき》に変装して
北陸の安宅《あたか》まで
逃げ延びてきたが
敵もさるもの

頼朝は
すでに情報を
キャッチして
逃走ルートに
関所《せきしょ》を
新設して
あった

力づくで強行突破しようという
四天王を説き伏せた弁慶は
関守《せきもり》の富樫左衛門《とがしさえもん》に
東大寺建立《こんりゅう》の勧進《かんじん》(寄付あつめ)に
全国を廻っている途中だと偽《いつわ》って
通行許可を願い出る

富樫の
きびしい言葉に
最後の勤めを
すましたうえで
みんな一緒に
斬られようと
数珠《じゅず》をもんで
祈りはじめる

その姿に心を動かされた富樫は
勧進帳を読むようにと言う
勧進帳
遊ばされ
そうらえ
これにて聴聞
つかまつらん
もとより
勧進帳の
あらばこそ
そ〜〜れ〜
つ〜ら〜
つ〜
つ〜…
?
しかし弁慶
すこしもあわてず
白紙の巻物を
取り出して
アドリブで
読みはじめる
いや〜
マンガの
巻物
わたし
ちゃって…

巻物をのぞこうと
ジリジリ忍び寄る富樫
ハッと気がつき
身をかわす弁慶
きっ!
勧進帳を読みおえた弁慶に
なおもするどい質問を
あびせかけるが
堂々とした態度で
スラスラと答えるのに
感心した富樫は
布施物《ふせもつ》（寄付）を寄進《きしん》し
通行を許可する

ホッと胸をなでおろして
関所を通ろうとするが
義経の顔を知っていた番卒《ばんそつ》が
強力と似ていると知らせたため
一行《いっこう》はまたもやストップ
その
強力が
判官どのに
似たりと
申すものの
そうろうほどに
とどめたり
かくなるうえは
刀にかけてもと
殺気だつ四天王を
必死で押しとどめ

こんな疑いをうけるのも
みんな強力の心がけが悪い！
と金剛杖を振り上げて
義経をさんざんに打ちすえた
憎し 憎し
びし
ばしん
この強力こそ
まさしく義経！
と確信しながらも
主人を殴ってまで
助けようとする
弁慶の忠義心に
胸うたれた富樫は
命を捨てる覚悟で
一行を見のがしてやる
義経を助けるためとはいえ
主君を殴った無礼を詫びる弁慶
弁慶の
機転で
助かったと
忠義を
たたえる
義経
ついには
泣かぬ弁慶が
かたじけなさ
に涙ぐむ
名場面
きら きらきら きら きら……
ともあれ長居は無用と
行きかけたところへ
富樫が失礼のお詫びに
酒をふるまいたいと
やってくる
急性アルコール中毒になっても知らんから…
番卒
いたらきま～す
番卒

ありがたく御馳走になり
酔いのまわった弁慶は
富樫に舞を見せて
ほしいと言われ
『延年《えんねん》の舞《まい》』を
豪壮に舞いはじめるが
踊りが違うだろっ

酔ったのは
フリだけで
踊りの
あいまに
すばやく
合図をして
みんなを先に
出立させる
シッシャッ

やがて一同が見えなくなってから
荷物を背負った弁慶は
富樫のこころざしに感謝して
深々と頭をさげると足どりも勇ましく
義経たちのあとを追っていくのでした

ちょっと　幕間　冬

本物の男の価値がわかるのは本物の男だけ！

皆サンもこんな絵か写真をどこかで見たことございましょ？　歌舞伎を語る時には必ずと言っていいほど引っ張りだされる『勧進帳《かんじんちょう》』のラストシーン〃弁慶《べんけい》の飛《と》び六法《ろっぽう》〃……能《のう》の『安宅《あたか》』を歌舞伎流にアレンジした演目で舞台装置や衣装・動作・セリフまわしなどに能の味わいが残されています。格調高く洗練された見せ場が多く歌舞伎十八番にも入っている名作ですが、舞台がシンプルなだけに演じる俳優の上手下手《じょうずへた》がモロにわかってしまうコワイ演目でもあります。

まず弁慶に要求されるのは迫力。それも立ってるだけで全身から湧き出てくるような腰のすわった迫力でなきゃダメ！　対する富樫《とがし》はこの迫力の直撃を受けてもビクともしないヌリカベのごとき力量を感じさせる肝っ玉がないとアキマヘン。義経《よしつね》は身分の低い強力《ごうりき》に変装していても隠しきれぬ気品がにじみでていなくてはならず、ここで義経が安っぽくなると芝居がブチこわしですから動く場面が少ないぶんムズカシイ役だと言えましょう。そのうえどの役にも品格が要求されるとゆーのだから、その大変さがわかろうってモンです。（う〜ん、めずらしく専門家っぽい書きかたをしてしまった。えらそーにモノを書くのってナカナカ気分のいいモンだわねー）

ちなみに『勧進帳』の舞台セットのようにバックの羽目板に松の大木が描いてあるだけの能舞台のセットをそのまま再現していることから、能から持ってきた演目を〝松羽目物《まつばめもの》〟と申します。わかりやすいネーミングだとは思うけどコレって手抜きっていうのかしら？　おちゃめっていうのかしら……!?

とにかく見せ場のオンパレードと言ってもいいくらい名場面の連続で、有名な場面と型がいくつ出てくるか数えるだけでも退屈しませんわよ〜。劇場だったらイヤホンガイドを借りれば舞台の進行にあわせて見せ場をいちいち説明してくれますから、はじめての人にはオススメ。（ただし音量にはくれぐれも気をつけるよーに！　響くんだな、これが……）

封印切《ふういんぎり》

恋飛脚大和往来《こいびきゃくやまとおうらい》

大阪新町の廓《くるわ》・槌屋《つちや》の
抱《かか》えの人気遊女・梅川《うめがわ》と
淡路町の飛脚問屋《ひきゃくどんや》
亀屋の養子・忠兵衛《ちゅうべえ》は
好いて好かれた
嬉しい仲♡
しかし
嬉しく
ないことに
梅川に身請《みう》けの話が
もちあがっていた
忠兵衛
梅川

わ〜っ 馬も ボートも 宝くじも 全部 はずれた〜っ!
話のわかる槌屋の主人に
手付金の五十両をわたして
自分のほうに身請けできるよう
頼み込んだ忠兵衛だが
養子の身ではおいそれと後金《あとがね》の
二百五十両の工面《くめん》がつくわけもなく
ついに日限《にちげん》がすぎた今日になっても
迎えに行くことができない

おまけに同じ飛脚屋の
丹波屋八右衛門《たんばやはちえもん》が
梅川を身請けしたいと
横槍をいれてきたと
梅川が手紙をよこしたため
いても立ってもいられず
大事な仕事もうわの空
あの梅川《かわ》の やせたこと わいの
おえん
預かり物の金
三百両を届けに
店を出たものの
ついフラフラと
梅川の仕事先の
井筒屋《いづつや》へ来てしまう
それも おれゆえ……

井筒屋の女将《おかみ》 おえんの はからいで 久しぶりに 逢うことが できた 二人だが やはり気分は 沈みがち
おまえも わしのような かいしょなしに ひっついていても…
そりゃ あんまりじゃ
そこへ槌屋の主人 治右衛門《じえもん》がやって来る
忠さんも 思いがけのう 大金が入ったと いうたより…
言いにくいこと よう言うた そなたの 言いぶん たててやろう
治右衛門

梅川のいじらしいウソに 人情にあつい治右衛門は 忠兵衛が後金を持ってくるまで 待ってやろうと約束するが そこへやって来たのが八右衛門
むっ!。
おい 梅川が身受金 二百五十両 あらためて うけとれ!
ポイ
まー★ なんって傲慢《ごうまん》で イヤ《ヤッ》ったらしい 人物なんでしょ!
ずっか ずっか
八右衛門

忠兵衛は 文無しじゃ ボンビーじゃ ぬすっとじゃ さかさにふっても 鼻血も出んわ
治右衛門に身請けを キッパリことわられ 忠兵衛に請け出させる つもりと察した八右衛門は 悪口《わるくち》・中傷《ちゅうしょう》・罵詈雑言《ばりぞうごん》の 言いたいほうだい

二階で聞いていた忠兵衛はとうとう我慢しきれず飛び出してくる
ひかえい! この金包みが眼に入らぬか!!
あくまでもシタタカで悪知恵のはたらく八右衛門は言葉たくみに忠兵衛を挑発
さては中味はオモチャやな
本物やったらあけて見せてくれてもええやないか
どきん
だんだん追いつめられていく忠兵衛
ふと気がつけば金包みの封印《ふういん》に破れめが・・・!
しもたー
もはやこれまでと小判の封を切る忠兵衛
そら二百両三百両…
八右衛門どんなもんじゃい!!
じゃらじゃら
じゃらん
これを客からの預かり物の金と見た八右衛門こっそり包み紙を拾いあげあきらめて帰るフリをして役所へ訴えに走り去る
めでたい
めでたい
総スカンの八つぁんは行にまっせ
それっ役所へ密告

いっぽう
忠兵衛がそんな
だいそれたことを
しでかしたとは
つゆ知らぬ皆は
お祝い気分で
ウキウキ♡
るんるん♪
いそいで
月行事から
通行の礼を
もらって
きましょう
わいな
幸福の絶頂の梅川だったが
廓の手続きも無視して
今すぐ連れて帰りたいと言う
忠兵衛の態度を不審に思い
理由を聞いてトタンに
不幸のドン底へ落っこちる
今の金は
預りものの為替の金
その封印を切ったれば
この首は胴について
いぬわいやい
しえええ…
信用第一の飛脚屋が
お客の金に手をつければ
打ち首《くび》・獄門《ごくもん》は確実
わしと
一緒に死んで
くれねば
どうにも
こうにも
なりゃせんがな〜
ぴ〜〜
心中《しんじゅう》を迫る
忠兵衛に
ケナゲに
こたえる
梅川
もったいない
わたしゃ礼言うて
死にますわいなあ
やがて手続きをすませて戻ってきた
おえんや井筒屋の人々に祝福されて
行きつく先は修羅《しゅら》か地獄《じごく》か
ばんずわ〜い
おめでと〜っ
やんや
やんや
犯した罪の
恐ろしさに
よろめく足を
踏みしめ踏みしめ
手に手をとって
死出《しで》の旅へと
急ぐ二人で
ありました

ちょっと　幕間　冬

命みじかし恋せよ二人　後に追手がつかぬ間に

本題を『恋飛脚大和往来《こいびきゃくやまとおうらい》』と申しまして『心中天網島《しんじゅうてんのあみじま》』と並んで〝心中物〟と呼ばれている分野《ジャンル》の代表的な作品ですが、上方《かみがた》（関西）の歌舞伎にはこのテの話が実に多いですねー。ほとんどは〝日本のシェイクスピア〟と言われている近《ちか》松門左衛門《まつもんざえもん》の作品で、実際にあった心中事件をモトにして書かれたモノもかなりあるのですが、上方ではその芝居を見て影響された男女が心中する事件が相次ぎ、ついに〝心中物は上演まかりならん！〟てな条例が出たほどハヤったそうです。

『封印切《ふういんぎり》』は『恋飛脚――』のクライマックスともいえる部分で、忠兵衛《ちゅうべえ》が八《はち》右衛門《えもん》の計略に引っかかって追いつめられていく過程と、ついに覚悟を決めて金包みの封印を切ってみせる場面が最大の見せ場です。特に八右衛門とのやりとりは大事なところで、ヘタをすると退《ひ》くに退《ひ》かれぬ男の意地から封印を切らざるをえなかった悲劇の主人公というよりは、我慢もきかなきゃ考えも浅い、ただの短気なアホに見えてしまうこともあったりします。

上方歌舞伎によく出てくる忠兵衛のよーな、見るからに頼りなさそーなヤサ男のことを'つっころばし'と言います。ちょいとつついてもころがりそーだという意味ですが感じ出てるよね〜〜♡
とっとっとっとっと……

このあとが逃避行の場の『新口村《にのくちむら》』になるのですが、続きものだというのにナぜかふた幕別々の独立上演というケースが多いみたいですねー。

遊女と情人《コイビト》に関する芝居は江戸の歌舞伎にもありますが、心中物というよりはお家の重宝探しや金の工面に四苦八苦している男を助けようとした女が、敵対している客になびいたフリをして心にもない愛想づかしをしたため、誤解した男に殺されるという男の体面中心に展開する話が多く、いっぽう上方の話は、お互いホレあっているものの女を身請けする金の工面がつかない、あるいは他人の金に手をつける、親や叔父・叔母など恩や義理のある相手から別れるように意見される、などという事情から思いつめたあげくに心中を決意するという恋愛問題を中心にした筋立てがほとんどです。こうして比べてみると、商人中心に栄えた関西と侍がハバをきかせていた関東とのお国柄の違いが、なんとなくわかるよーな気がしませんか……？

寺子屋《てらこや》

菅原伝授手習鑑《すがわらでんじゅてならいかがみ》

戸浪
菅秀才
源蔵
武部源蔵《たけべげんぞう》・戸浪《となみ》の夫婦は
政敵・藤原時平《ふじわらのしへい》に陥《おと》れられた
菅丞相《かんしょうじょう》（菅原道真《すがわらのみちざね》）の嫡子《ちゃくし》
菅秀才《かんしゅうさい》をかくまい芹生《せりゅう》の里《さと》で
寺子屋の師匠として暮らしていた

この悪さを寺入りさせてくださりませ
千代
小太郎
ある日
源蔵が庄屋に呼ばれて出かけた留守に
武家の女房の千代《ちよ》が息子の小太郎《こたろう》を
寺入りさせてほしいと言ってくる
用事があるからと
戸浪に小太郎をあずけて行った
千代と
入れ違いに
源蔵が沈痛な
顔をして
帰ってくる
お師匠さまおかえんなさ〜い
いずれを見ても山家育ちか……

心配顔の
戸浪の言葉にも
ウワの空
だったが
寺入りの
あいさつをする
小太郎を
ひと目見るなり
ようすが変わる
よろしくおたのみ申しまする
子供たちを奥で遊ばせておいて
呼び出されたワケを話す源蔵
あの子の器量なら菅秀才さまのお身がわりにしても見抜かれることもあるまい
山家《やまが》の子と違い小太郎なら
高貴な生まれの菅秀才の
身替わりにできるかも
しれぬと計略を打ち明ける
すりゃアノ、あの子の首を…!?

やがて検死役の松王丸《まつおうまる》と首受取役《くびうけとりやく》の春藤玄蕃《しゅんとうげんば》が捕手たちを従えてやってくる
春藤玄蕃
松王丸
違う
通ってよし!
寺子《てら こ》たちの顔をひとりひとりたしかめながら村人たちに返したあと早く菅秀才の首を討てと言いつける松王丸
父《ちゃん》!
おお坊よ

もはや逃れようもなく小太郎の首を討ち落として二人の前に差し出す源蔵
ぐっと首に見入る松王丸
緊迫した空気が張りつめる一瞬!

でかした源蔵よく討った!。
首実検《くびじっけん》の役目を終《お》えた松王丸が病気を理由に早々に引きあげ玄蕃も首桶を持って帰ったあと安堵《あんど》のあまり腰を抜かしかけながらも菅秀才の無事を喜びあう源蔵と戸浪
よかったよかった

ホッとしたのも
つかの間
小太郎の母親が
迎えにきたから
さぁ大変！
ごめんくだされ 小太郎の親でござります
奥で皆と 気げんよう 遊んでおります
それは おせ話で ござりました
こうなれば母親も殺すほかないと
中へ呼び入れて斬りかかるが

おどろく
源蔵夫婦の
前に
ふたたび
松王丸が
あらわれる
わが君菅秀才の お身がわり お役にたって くださんしたか!?
女房よろこべ 倅はお役に たったわやい
なんと千代と小太郎は
松王丸の妻と息子だったのだ

今は時平に仕えているが
昔は菅丞相に恩をうけた松王丸
義理と忠義の板ばさみに悩んだすえ
源蔵には菅秀才を討てまいと察して
我が子・小太郎を身替わりにする覚悟で
首実検の日に寺入りさせたのだった
源蔵どの さだめて 最期の せつ みれんな 死を 致いたで ござろうな
いやいや いさぎよう 首さし のべて ニッコリと 笑うて…

小太郎のケナゲな最期《さいご》のようすを聞き
たまりかねて号泣《ごうきゅう》する松王丸と千代
源蔵どの ごめんくだされ〜っ
もらい泣きする 源蔵と戸浪

オーライ オーライ
ピッピッ
やがて気をとり直した松王丸は以前北嵯峨野の隠れ家から助け出した菅秀才の母親園生《そのお》の前《まえ》を呼び入れる

小太郎の亡骸《なきがら》を駕篭《かご》に乗せ
野辺《のべ》の送りをする一同
じっと手をあわせる松王丸は親に代わって忠義をつくして死んでいった我が子をほめているのだろうか詫びているのだろうか・・・・？
焼香《しょうこう》の煙は小太郎の命のように
はかなく空にのぼっていく
園生の前

ちょっと幕間　冬

持つべきものは良き伜　すまじきものは宮仕え

『菅原伝授手習鑑《すがわらでんじゅてならいかがみ》』の菅原というのは学問の神様として受験生に大モテの天神サマ、菅原道真《みちざね》のことで『寺子屋《てらこや》』はその四段目の中のひと幕にあたります。皆さんも歴史の時間に習ったことと思いますが菅原道真は平安時代初期に実在した公家で、頭がよく能筆家《のうひつか》（字のうまい人のコト、題名の〝手習鑑〟はここからきている）で天皇に気に入られていたのを妬《ねた》んだ政敵・藤原時平におとしいれられ太宰府に流された話は有名ですが、この芝居はそれをモトにした創作番外編といったトコでしょーか。もっとも話の主人公は道真公ではなく松王丸《まつおうまる》・梅王丸《うめおうまる》・桜丸《さくらまる》という兄弟で、なんと三つ子なんですよコレが！　当時大阪で三つ子が生まれたというニュースが世間の評判になっていたのをチャッカリ取り入れちゃったんですねー。三人は別々の公家《くげ》のところに舎人《とねり》（ココでは牛車《ぎっしゃ》と牛の世話係）として就職するのですが、それが藤原時平と菅原道真と天皇の弟の家だったというのが物語と不幸の始まりで、それぞれ忠義と兄弟愛と恩と義理とに苦しみ悩みながらも源蔵に力を貸して、ついに道真の息子の敵討ちを成功させるというのがアラスジですが、通しで上演されることはめーったになくて、たいがいひと幕かひと場の独立上演です。

この『寺子屋』は正確には〝寺入り〟〝首実検〟〝いろは送り〟の三つの部分からできておりまして、菅丞相《かんしょうじょう》（道真の別称）の息子を助けるため寺子（寺子屋の生徒）の小太郎を身代わりにする源蔵夫婦の苦悩、源蔵と松王丸の息詰まる対決、本心を明かした松王丸夫婦の苦しみと悲しみなどなど、見どころい〜っぱいの一度は見ておきたい演目です。なかなか気持ちよく泣かせてくれますよー。『車引《くるまびき》』『賀《が》の祝《いわい》』なども上演されるほうですが上演時間が手頃で内容がドラマティックなせいか『寺子屋』が一番よく独立上演されてるんじゃないかしら？

'首実検'の型は何通りかあって、首に見入る手順とかポーズとかがびみょーに違うのだけど、実際一緒に並んでやってくんないとよくわかんなかった……
ナサケナイ
病鉢巻《やまいはちまき》
病気中のところを呼び出されたためにしてる（仮病だけどォ）

人情《にんじょう》噺《ばなし》文《ぶん》七《しち》元結《もっとい》

角海老へついた長兵衛は
普段の元気もどこへやら
ひたすらかしこまっている
わざわざ来てもらってすまなかったねぇ
角海老おかみ
角海老娘分・お光
長兵衛娘・お久
それもそのはず
ひきうけた仕事も
中途ハンパで
博打場に入《い》り浸《びた》って
いたのだから
あわせる顔がない
うへへへ〜〜い
ふと見れば
部屋の隅で
しょんぼり
うつむいている
お久
お久！ お母さんが半狂乱になって心配してたぞ
でぇいち その姿はなんでぇ！
おまえさんだって あんまりホメられたかっこうじゃないよ
安心したのと気恥ずかしいのとで
ガミガミ叱りつける長兵衛に
角海老の女将《おかみ》はお久がここにいる
ワケを言って聞かせる
いくら腕がよくても
仕事もせずに酒と博打に
あけくれていれば
しぜん家計は火の車
このんだくれっ ろくでなしっ
てやんでぇ おたふくっ
とっとと出てけっ
夫婦喧嘩の絶え間もなく
思いあまったお久は
なんとかお金をつくって
父親を立ち直らせようと
けなげな覚悟で自分から
身を売りに来たのだった

お久の
やさしい心
女将の意見に
ようやく
目がさめた
長兵衛は
これからは
酒も博打も
スッパリやめて
仕事にはげむと
誓うが
問題は
暮れの借金
五十両
おとっつあん どうぞ わたしを 売ったお金で 借金のやりくりを つけてくださんせ
すまねえ! 来年かならず 金をこさえて むかえにくるからな
一生懸命に働いてお金をつくり
来年かならず迎えにくるからと
遊女勤めを頼む長兵衛に
いじらしくうなずくお久
春になっても お金の できない 時は かわいそうだが 見世《みせ》に出し ますよ
その親孝行に
うたれた女将は
五十両を貸して
くれたうえ
お久を
来年の三月までは
女郎には出さず
小間使いとして
つかおうと
約束する
へへ〜っ
五十両をふところに
シッカと抱えた長兵衛が
帰りを急ぐ大川端《おおかわばた》
取り乱したようすの
若い男が
身投げしようと
している現場に
ブチあたる
なむあみだぶつ……
おちついたら わけを話して みろい
小間物屋《こまものや》の手代《てだい》の
文七《ぶんしち》と名のった男は集金してきた
お店の金五十両をスリとられ
死んでお詫びをするつもりだったという
文七

同情した長兵衛は
あれこれ解決策を
考えてみるものの
これといった
案も出ず
かといって
見捨てていく
わけにもいかず
とんだところへ
来あわせたと
頭とフトコロを
かかえて大弱り
集金してきた五十両をスラれたって? バカか!
しょーがねーウスノロだな ボーッとしてるからでぇ ったくマヌケなやつだぜ
じょーだん じょーだん
悪かったねっっ 死んでやる〜っ

やがて——
お久のいる吉原へ
詫びるように
頭を下げた長兵衛は
娘の話をうちあけて
五十両の金包みを
叩きつけるように投げ与え
けっして早まるなと叫びつつ
逃げるように走り去る
人の命は金じゃあ買えねぇ…
ゴン!
そらっ もってけっ 金もったまま死んじまうんじゃねーぞ!

ひとり残った文七は
からかわれたと
勘違い
腹立ちまぎれに金包みを
投げつけようとするが
さすがは商人《あきんど》
包みの手ざわりに
もしやと中を
あらためてみれば
まさしく小判で五十両!
それではいまの話は
本当のことであったのかと
長兵衛の消えた暗闇にむかって
手をあわせる文七
ぴく ぴく… ぴく

さあ翌日の長屋では大家さんまで巻き込んで上を下への大さわぎ！
あのお金はただの金じゃないんだよっ！
普段が普段だけに娘を売った金まで博打でスッてしまったのだと思い込んだ女房は長兵衛の説明など信用しない
だから身投げにやったんだっつーのに！
あげくのはてはいつものように取っ組み合いの大喧嘩
大家
親方！昨夜はありがとうございました
この騒動の最中に駆け込んできたのが昨日の身投げ男の文七
おめえはあの時の…！よく生きててくれたなあ
実はスラれたと思った金は集金先へ置き忘れてきたことがわかりあわてて五十両を返しに来たのだった
疑いが晴れて鼻高々の長兵衛
おらあおめえに五十両やったな？な？
はいはい
ざまァみろおらあこの人にやったんでいっ

付き添ってきた
文七の主人の
和泉屋清兵衛《いずみやせいべえ》が
お礼のしるしにと
呼び入れたのは
見違えるように
美しくなった
お久
お久やっ
おとっつぁん
おっかさん
清兵衛
文七から長兵衛に
五十両めぐんでもらった
いきさつを聞いた清兵衛が
角海老にわけを話して
身請《みう》けしてきたのでアル
さらに
長兵衛の
人柄と
お久の
親孝行に
感心した
清兵衛は
文七とお久を
夫婦《めおと》にして
店を持たせて
やりたいと
頼み込む
親孝行な
お娘ごを
これなる
文七と…
きゃ〜ん♡
文七も自分が新しく考えた
元結をあつかう元結専門店を
開きたいと熱っぽく抱負を語る
降ってわいたような
いいことづくめの結末に
長屋は明るい笑い声に
つつまれるのだった

ちょっと幕間　冬

情けは人のためならず めでためでたの大晦日

この時代から昭和初期頃まで、日常の買い物（米・味噌・醤油・酒・魚など）の支払い方法は〝掛《か》け売《う》り〟と申しまして行きつけのお店でツケで買い代金は年末一括払いするというパターンだったそーで、大晦日になると支払いの済んでいない家に店から集金人（掛《か》け取《と》り）が廻ってきますが、とーぜん貧乏所帯では金策に四苦八苦するハメになるワケでアリマス。話の最初のほうで娘を捜しにいこうとした長兵衛《ちょうべえ》が角海老《かどえび》の使いの者を酒屋や米屋の掛け取りと間違えてアレコレ言い訳するところがありますが、これなど当時の庶民の暮れの様子をよくあらわした場面と言えましょう。

カードでさんざん買い物して
年末に支払いがいっぺんにきてお手あげ状態
——ってなモンかな？
ちょっと違うと思うぞ

見せ場も泣いたり笑ったりと忙しく、『角海老内証の場』で女将にシミジミ意見されて心をいれかえた長兵衛とお久との親子愛。続く『大川端の場』で娘への申し訳なさに責められながらも人の命の重さには代えられないと金を与えてやるまでの葛藤などが、笑いつつもついホロりとしてしまう巧みな演出で楽しませてくれます。

生活苦につかれはててついに
発狂した
幸兵衛サン
眼のみえない長女
『水天宮利生深川』
飢えに泣く
赤ン坊

この芝居では喜劇調《ギャグタッチ》に描《えが》いていますがこれが悲劇調《シリアスタッチ》になると一家心中や夜逃げ、ホントーに娘を遊女に売るなどという時代劇などでお馴染みの展開《パターン》になってきます。借金がらみの演目では明治時代に創作・上演された『水天宮利生深川《すいてんぐうめぐみのふかがわ》』（筆売幸兵衛《ふでうりこうべえ》）などは悲惨さという点においてはトップクラスの芝居で、貧困に責められたあげく気が狂うという旧幕臣の悲惨なドン底生活を実にリアルに描きだしています。一応ハッピーエンドではありますが、あまりに悲惨で暗い内容のためかカード破産などめずらしくなくなってしまった現代の世相にあわなくなったためかわかりまへんが『文七』が今でもタマに上演されているのに比べて『筆』にはほとんどお目にかかりませんなー。

仮名手本忠臣蔵《かなでほんちゅうしんぐら》ダイジェスト

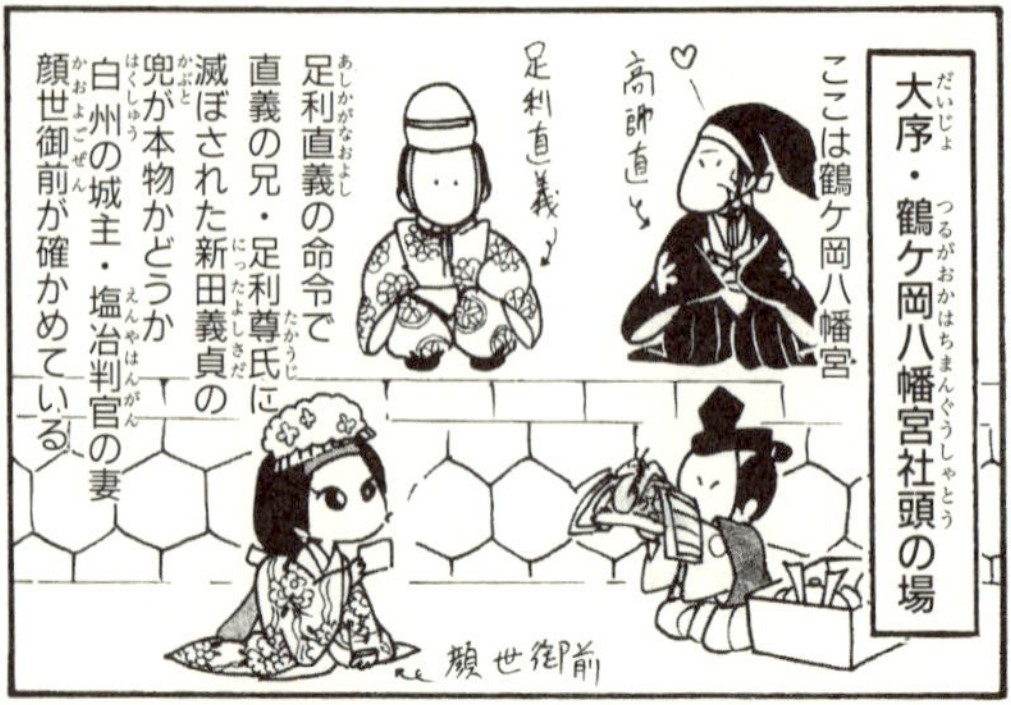

三段目・足利城外の場
師直公へ
おとりつぎ
頼みいり
申しまする
鷺坂伴内
結局ワイロが一番と
城外で師直を待ちうけ
進物を差し出して
主人のことを頼み込む
同・殿中松の間の場
へへ〜〜っ
お詫び
お詫び
若狭之助
今日こそはにっくき師直まっぷたつ!と
意気込んで登城《とじょう》した若狭之助だったが
ワイロのキキメで平謝りする師直に
拍子抜けして奥へ引っ込む
ターゲットを
変えた師直は
顔世御前に
きっぱり
フラれた
腹いせも
手伝って
続いて登城した
判官を
イビリはじめる
城中のしきたりも
なにもごぞんじない
鮒だ 鮒だ
鮒侍《ふなざむらい》だ!
ぬ〜〜〜っ…
塩冶判官

四段目・扇ケ谷塩冶館《おおぎがやえんやのやかた》の場
同・城明け渡しの場

浄瑠璃《じょうるり》・道行旅路《みちゆきたびじ》の花婿《はなむこ》

塩冶家の家臣《かしん》・早野勘平《はやのかんぺい》は
おなじく塩冶家の腰元《こしもと》・お軽《かる》と
人目をしのんで逢引《デート》していたため
殿様の一大事に間に合わなかった
わが身を恥じて切腹しようとする

しかし
お軽は
ひとまず
自分の
実家へ
身を寄せて
名誉挽回《めいよばんかい》の
チャンスを
待とうと
必死に
説得する

主君の大事を よそにして しょせん生きては いられぬ身の上…
早野勘平
まあまあ 待ってくだしゃんせ 私ゆえに おまえの不忠…
お軽

そこへ
お軽に横恋慕していた師直の家来の
鷺坂伴内《さぎさかばんない》があとを追ってくるが
勘平はこれをか～るく蹴散《けち》らして
お軽の故郷へと落ち延びていく

やあやあ勘平! お軽をわたして降参しろ!!
伴内
やかまし～かい! こっちゃ気が立ってんだー。
あ～あ…

五段目・山崎街道鉄砲渡《やまざきかいどうてっぽうわた》しの場

ここは京都近くの山崎街道山中

今は猟人《かりうど》となっている勘平が
大雨に降られて雨宿りしていると
侍がひとり山道をやって来る

と
お互い
顔見て
びっくり

火なわの火をおかしくだされ
そちゃ勘平!
千崎うじ!

なんとか自分の不始末を詫びて
仇討ちの仲間に加わりたいと
願っていた勘平は
チャンスとばかり必死に頼み込む
ねねねねねね
わかった
わかった
怒るで
しまいにゃ…
ちず
お互いの住所を
教えてあって
別れる二人

同・二ツ玉《ふたつだま》の場
そのころ
勘平が仇討ちに加わるのに
必要なお金をつくろうと
自分から廓《くるわ》に身を売ると
言いだしたお軽のために
勘平に内緒で祇園町《ぎおんまち》まで
交渉をしに行っていた
お軽の父親の与市兵衛《よいちべえ》も
山崎街道でひと休みしていた
早よう戻って
娘や婆に
ぬ〜〜っ
モシ
一文字屋さま
ありがとう
ございます
与市兵衛

喜んだのもつかの間
うしろの稲むらに隠れていた
斧九太夫《おのくだゆう》の息子で
無頼浪人の定九郎《さだくろう》に
お軽の身代金
五十両が入った
財布を奪われたうえ
刺し殺されてしまう
定九郎
これだけの役？
しどい
思いがけない大金に
気を良くして
引き揚げようと
したところへ
勘平に追われた猪《いのしし》が
飛び出してくる
まるで
さつまいものよーな愛らしさ♡

六段目・与市兵衛《よいちべえ》内《うち》勘平《かんぺい》腹切《はらきり》の場

こちの人
お才と源六がお軽の母親のおかやに後金《あとがね》の五十両を渡してお軽を駕篭《かご》に乗せ行きかかるところへ勘平が帰ってくる
バックオーライ
金をつくるためにお軽が身を売ったことをはじめて聞かされた勘平は一家の思いやりに感謝するがおさまらないのは源六
親子夫婦なれあいで五十両だましとる気だな!?
昨夕こちらのおとっつあんと奉公の話をとりきめ半金の五十両をお渡し申しまして…
一文字屋お才
与市兵衛が身売りの話に来たようすを話して聞かせるお才
これと同じさいふをお貸ししたのにお金を入れてお帰りに……
!
――と取り出した財布を見てギョッとする勘平
なむさん!
さては先ほど撃ち殺したのは舅《しゅうと》であったのかと早トチリ

親父さまには
昨夜
会いました
逢わしゃん
したのかえ？
それなら
そうと
言うてくれれば…
ホッ
ホッとしたのもつかの間
今度こそお軽は祇園へ
行かねばならない
アイ
まめで
いやれよ
哀しみをこらえて見送る母親
苦しみをこらえて別れる夫
ところで
ムコどの
親父さまには
どこで
逢わしゃった？
あ〜
え〜
その〜
おかやに
聞かれた勘平は
シドロモドロ
そこへ猟人達が
与市兵衛の死骸《しがい》を
運んでくる
こりゃ
親父さまが
殺されて
ある！
勘平のようすを不審に思った
おかやに問いただされ
証拠の財布をつきつけられて
言い訳のしようもなく
ガックリうなだれる
勘平
こいつを
切りきざんで
仇を討って
くだされませ
親同然の
しゅうとを
殺した
人非人！
そこへ
千崎弥五郎《せんざきやごろう》と
原郷右衛門《はらごうえもん》が
訪ねてきて
おかやから
一部始終を聞き
勘平を人でなしと
ののしって
帰ろうとする
かようなところに
長居いたすは
身のけがれ
千崎弥五郎
不破数右衛門

与市兵衛を殺した
いきさつを告白し
もうこの上はと
腹を切る勘平
情なや
金は女房を
売ったる金
撃ちとめたるは
しゅうとどの
しかし
死骸の傷口を
しらべた弥五郎は
これ
見られよ
鉄砲傷には
似たれども
まさしく刀で
えぐりし傷!
そーりゃ
ここへ来る途中で
ならず者の定九郎が
撃たれて死んでたなー
そーか
わかった!
定九郎が
親父さんを
殺したんだ
義父《おや》殺しどころか
知らずに舅の敵討ちを
していたことがわかったが
すべてはあとの祭
ポン
いや〜
誤解しちった
連判状に
名前入れとい
たからさ〜
せめてもの
はなむけに
仇討ちの
連判状《れんぱんじょう》を見せ
勘平の名を
書き加える
原と千崎
おそいわっ
これで
キゲン
なおして
ね・ね
大腸まで
ひきずり
出すんだ
から〜
自分の臓腑《ぞうふ》をつかみだし
血判《けっぱん》を押した勘平は
魂になっても仇討ちの
お供をすると言いきって
息絶えるのだった

七段目・祇園一力茶屋《いちりきちゃや》の場

ここ祇園の一力茶屋では大星由良之助が毎日のように居続けの遊び続け
とらまえて酒飲ましょ
由良さんこちら
手のなるほうへ
たまりかねた同志の者たちが仇討ちの決意を確かめにくるがもうその気はなくなったと言わんばかりのグータラぶりにカッとして斬りかかろうとする
いーな〜
由良之助
飲めば酔え酔えば醒めろの親心……
がモト足軽《あしがる》の寺岡平右衛門《てらおかへいえもん》になだめられて引き揚げていく
シャレが古すぎるつーの!
願書
うたた寝している由良之助のそばへ仇討ちに加えてほしいと願書を置くが払いのけられガッカリして奥へ引っ込む
平右衛門
そこへ人目をしのんでやって来たのは由良之助の息子の力弥《りきや》
おだちん!
んことにも〜……
かおよ
力弥
顔世御前からの手紙を受け取りさっそく読もうとするところへこんどは斧九太夫があらわれ仇討ちをやめたのは本気かとアレコレ探りを入れてくる
なんのことかなあ〜??
またまた〜?
敵討ちする気なんでしょ憎いよ、このっ
九郎兵衛

実は九太夫は師直側に
寝返っていたのでアル
明日は亡君の命日
みごとそのタコ
喰うじゃまで?
たべるとも
たべるとも
しどいっ
?
由良之助の芝居に
だまされたものの
力弥が届けにきた
手紙が気になり
帰ったと見せかけて
床下にかくれる九太夫
主君塩冶殿が
タコになられたと
いうワケでもあるまいか
先ほど力弥めが
持参せし
書状が気になる
たしかめてから
あとより参る
伴内

そうとも知らず由良之助は
手紙を読みはじめるが
九太夫はこれを盗み読み
お軽♪
そしてもう一人
今は遊女となったお軽も
二階座敷から鏡に映《うつ》して
コッソリのぞき見していた

この二人に気づいた由良之助は
酔ったフリでお軽を呼び降ろし
身請《みう》け話をもちかける
三日なりとも
囲ったれば
あとはどうなと
勝手次第
うれしゅう
ござんす♡
由良之助の話を
スナオに信じ
愛《いと》しい勘平の
もとへ帰れると
大喜びのお軽
これ お女中
ここに軽という
者が……
恥かしいゆえ
あちらで
向いて
くださんせ
さっそく家に知らせようと
手紙を書きはじめたところへ
兄の平右衛門が会いに来る

由良之助がお軽を
身請けするという話に
本当に仇討ちする気を
なくしたかと怒るが
顔世御前からの
手紙の話を聞いて
秘密を知ったお軽を
始末するつもりだと
見抜いた平右衛門
これ妹 われの命は 兄がもらった！
しえええええ
いっそ自分の手でお軽を殺し
それを手柄に同志に加えてもらおうと
お軽に斬りかかった

親父さまは 人手にかかって お果てなされ 勘平は 腹切って 死んでしまった!!
あやうく逃《のが》れて
命乞《いのちご》いするお軽に
心を鬼にして
由良之助の
本心を教え
勘平の切腹を
話して聞かせる
平右衛門
ひえええええ
なれあいでも ドッキリカメラでもなく 本当《ほん》のことで ござんすか!?
夫のもとに帰る望みも
絶たれた今となっては
せめて兄の役に立って死のうと
ケナゲに決心したお軽が
自害しようとしたその時
あまり いい番組 見とらんな

心底《しんてい》 見えた！ 兄は関東《あずま》の 供、許すぞ!!
物かげで
すべてを
聞いていた
由良之助が
あらわれて
平右衛門の
お供を
許したうえ
お軽の
持っていた刀を
床下の九太夫に
突きたてた！
ぎぇ～!

おどろく
二人に
九太夫の
裏切りを
あばき
判官への
無礼の恨みを
晴らして
加茂川へ
流すように
言いつける
仇討ちの仲間入りがかなった嬉しさに
九太夫の死体をかついだ平右衛門は
足どりも軽く引き揚げていくのだった

八段目・道行旅路《みちゆきたびじ》の嫁入《よめい》り

加古川本蔵の娘・小浪《こなみ》と
大星由良之助の息子・力弥は
許嫁《いいなづけ》同士であったが
高師直に斬りつけた判官を
本蔵が抱きとめたばっかりに
両家のあいだも気まずくなり
便りもなくなってしまった
力弥に
恋こがれる
小浪がふびんさに
こーなったら
押しかけ嫁入り
するしかないと
母親の戸無瀬《となせ》が
つきそって
大星家のある
山科《やましな》へと向かう
途中なのでアル
戸無瀬
小浪

ひと休みしているところへ
通りかかった嫁入り行列を
うらやむ小浪のいじらしさ
足痛い〜
疲れた〜
新幹線
乗ろーよ〜
レンタカー
たのもーよ〜
ね〜〜
この子は、もー……
いくら
歌舞伎だからって
そこまで時代考証
無視するんじゃ
ありません!
母子はふたたび
いたわりあいながら
道を急いで行く・・・・

九段目・山科閑居《やましなかんきょ》の場
昔はともかく 今は浪人の身 大身《たいしん》の 加古川どのの ご息女では つりあいませぬ
お石
そこを なんとか…
大星由良之助の侘住《わびず》まいに ようやくたどり着いた戸無瀬と小浪 由良之助の妻・お石《いし》に力弥との祝言を 頼み込むがキッパリ断られる
加古川本蔵の 首もらい うけたい
いっそ ここで死のうと 覚悟を決めた 二人へ 加古川本蔵の首を 引き出物として 差し出せば 祝言させようと 言い放つお石
うろたえ武士の なまくらに この本蔵の 首は切れぬわ！
そこへ虚無僧《こむそう》姿の 本蔵があらわれ 大星親子の悪口を ならべたてて お石を怒らせる
加古川本蔵
立ち向かってくるお石を 組み敷いたところへ 飛び出してきた力弥 本蔵のわき腹を 槍でひと突き！ トドメを刺そうと するのをとめる 由良之助
やれ待て 力弥 早まるな
由良之助
力弥
二人の武士《もののふ》はお互いの胸のうちを 理解しあっていたのだった

自分が余計なことをしたために
無念の死をとげた判官へのお詫びに
婿の力弥の手にかかって死ぬ決心を
したのだと本心を明かし
祝言の引き出物にと師直の屋敷の
絵図面を差し出す本蔵
いっそ火をかけたら？
だから ここと ここから いっきに せめこめば…
こっちのちが 打ちやぶり やすいって
まず師直の 寝所を探して…
あまいい あま
4ッ 4ッ
もし もーしし？
仇討ちの準備は
ととのっても
相手方のようすが
わからず出立《しゅったつ》を
延び延びにしていた
由良之助は喜び勇んで
本蔵の虚無僧姿を借り
すぐに旅立つことにする
そして力弥には
今宵ひと夜
小浪と過ごして
翌日あとを
追ってくる
ようにと
いいつける
これでめでたく
娘の願いを
かなえることが
できたと
由良之助の
心くばりに
感謝して
息絶える本蔵
初々《ういうい》しくも
いじらしい
ひと夜限りの
夫婦《めおと》であった――
十段目・天川屋《あまがわや》義平《ぎへい》内《うち》の場
堺の廻船問屋《かいせんどんや》・天川屋義平は
町人ながら侠気《おとこぎ》のある
肝のすわった人物で
由良之助に頼まれた
仇討ちの武器をととのえ
関東へ運ぼうとしていたが
この秘密がもれては一大事と
丁稚《でっち》を一人だけ残して
すべての奉公人にヒマを出し
女房のおそのさえも
実家に帰してしまった
せっせ
せっせ

おそのの父親の
強欲《ごうよく》な医者・了竹《りょうちく》は
娘を金持ちの家に
嫁がせようと
たくらみ
義平に離縁状を
よこせと迫る
義平
もう今日から
親でなし
子でもない
重ねて足踏み
してくださんすな
了竹
おおよいわさ
聞けば
浪人どもが
入り込んで
何しでかそうも
知れぬ
こなたゆえ
モト斧九太夫の家来であった了竹に
仇討ちのことをカンづかれてはマズイと
しかたなく離縁状を渡して追い返す義平
おととい
ごんせ!
アフン
白状せねば
倅をひと突き
そなたも
寸きざみ
その夜
大勢の捕手《とりて》が
押し込んできて
義平の一人息子の
由松《よしまつ》を人質にとり
仇討ちの手助けを
していることを
白状しろと
問い詰める
由松
おもしろい
きざまれ
ましょう
知らぬものは
知らぬのじゃ
天川屋義平は
男でござる!
義平の心意気に感じ入った由良之助は
同志のなかに義平を疑う者がいたので
やむをえずひと芝居うって試したのだと
わけを明かして疑った無礼を詫びる
やがて
義平の
すすめで
旅立ちを
祝う
酒盛りが
はじまる
じっと〜ん
ま-ま-
うたぐり深いのが
いるのよン
本気で怒っちゃ
イヤン
くどくど
言わずと
早よう
行きやれ
おその
そこへ
人目をしのんで
戻ってきたおその
父親のもとから
盗み出してきた
離縁状を差し出して
親と子ではあっても
心は違うとかきくどくが
義平は心を鬼にして追い返す
拝みますする
せめて由松の
寝顔なりと
見せてたべ

こうなったら
死んで身の潔白を証明しようと
行きかかったところへ曲者《くせもの》が襲いかかり
おそのの髪を切ったうえ
離縁状まで奪っていく
この――――っ！
女の命の黒髪をよくもよくも……
それでなくてもリコンさわぎでイライラしてんのにっ
キャイン
ホンキで別れよーかなー…？
このようすを見た義平
さすがに
飛び出したい心を
ぐっとこらえて
いるところへ
由良之助が
出てきて
世話になった
お礼にと
包みを
差し出す
由良之助
礼がほしくてやったことだと思いさんすか!?
こりゃ私が切られし髪！
ムッとして
包みを突き返すが
なんと中はおそのの髪
包んだ紙は離縁状
おどろく義平とおそのに
仇討ちが終わってから
ふたたび二人を一緒に
させるための手段だったと
語り聞かせる由良之助
さてはうぬれが主犯か!?
だから～～っ
尼のカッコしてれば
嫁にいかされずに
すむでしょーが
のびた頃をみはからって
モトのサヤに
おさまりゃいーんだってば
武士にも劣らぬ
義平の忠節に
むくいるため
討ち入りの時は
家名の天川屋を
天《あま》と川《かわ》との合言葉に
使うことを告げて
一同は勇ましく
旅立って行く
大石どのお先にごめん！

十一段目・高家《こうけ》表門討ち入りの場
同・広間の場
同・奥庭泉水の場
同・炭部屋本懐《ほんかい》の場

同・両国橋引揚げの場

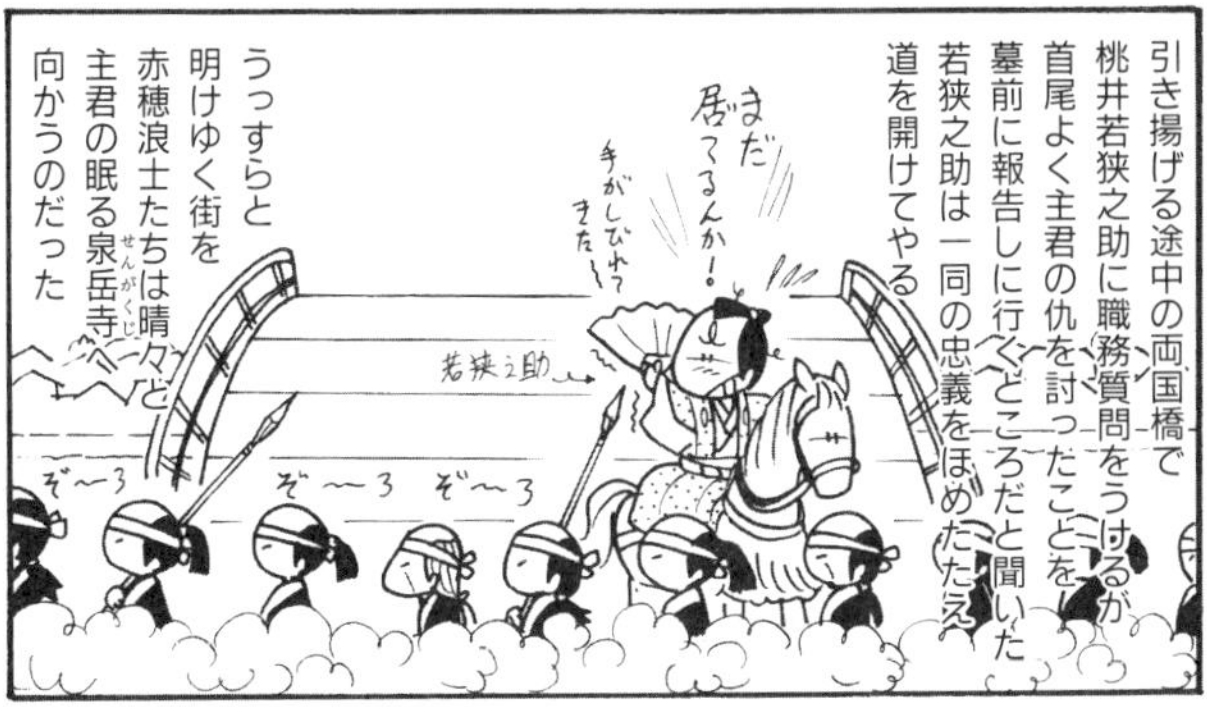

ちょっと幕間 冬

話は単純だが登場人物《キャラクター》をおぼえるのが大変！

言わずと知れた歌舞伎狂言の大傑作で人形浄瑠璃をモトにして創られました。昔はこれさえ出せば必ず大入りになったというくらい愛されていた作品ですが、なにしろ全段完全上演すると三日はかかるという長さなので、だいたい人気のある幕の独立上演か何幕かのピックアップ上演になるのがほとんどです。何年か前に国立劇場で三ヶ月がかりで通し上演したことがありましたが、私は腰を痛めて二ヶ月で挫折しました。全段見に行った人って、ホント尊敬しちゃう！

これだけ長い話になりますと見どころをザッと紹介するだけでも大ごとなので特に有名なところ・めずらしいところを趣味と独断でアトランダムにあげていき

ますが、まず『大序《だいじょ》』……これが古来から伝わる約束事やらしきたりやらでメチャクチャ難しいんだそーで、幕が開く前に〝口上人形《こうじょうにんぎょう》〟が出てきて挨拶と芝居の題名と配役の紹介をするのも『忠臣《ちゅうしん》蔵《ぐら》』にしかないオープニングとか。いつもならチョンチョンチョンの軽快な柝《き》の音でサーッと開く幕が囃子《はやし》にあわせてしづしづと開いていくと、登場人物たちがうつむいて座っています。別に口上が長くてつい居眠りしていたワケではなくて、つまりこれは人形が舞台左右からの〝東《とう》西《ざい》〟の声と義太夫の語りによって徐々に命を吹き込まれていき、やがて芝居を始めるというゆかしい演出なのでゴザイマス。それぞれの役の性格をあらわした身体の起こし方にご注目。

三段目の『足利館門前進物《あしかがやかたもんぜんしんもつ》の場』これがあると、あれだけ若狭之助《わかさのすけ》をイビっていた師直《もろのお》が急にヘコヘコしだした理由がよくわかりますナ（それにしても役目を利用して私腹を肥やす宮仕えの体質って、ン百年来変わってないのね～ぇ）

次はネチネチと判官《はんがん》をイビる師直の小《こ》憎《にく》ら爺《じー》さんぶりと判官の怒りがいつ爆発するかが見せ場の『殿中松《でんちゅうまつ》の間《ま》の場』で通称〝喧嘩場《けんかば》〟とも呼ばれています。

続く四段目は前半のクライマックスともいえる『扇ケ谷塩冶館判官切腹《おおぎがやえんやかたはんがんせっぷく》の場』主人公の大星由良之助《おおぼしゆらのすけ》はここでやっと登場します。無念の思いを抱いて死んでいく判官と目と目で話を交わし仇討ちを約束する腹芸が見どころで、昔はこの場面に限り〝出物《でもの》どめ〟と言って客席への出入りは一切とめられたというほど神聖視された場面なのですが、さて現代ではどんなモンでしょーか？　なにせこーゆー基礎知識の必要な心理描写の場ってヘタすりゃ退屈と紙一重だもんね〜。

　次はちょっと飛ばして所作事《しょさごと》（舞踊）の『道行旅路《みちゆきたびじ》の花婿《はなむこ》』通称〝落人《おちうど》〟へ。悲劇を背負った逃避行ながら舞台の色彩的華やかさがそれまでの張りつめた陰鬱な気分から救ってくれる息抜き的存在で独立上演されることも多い場面ですが、ここを見るたびつくづく思うのは〝恋愛がからむと女は強い！〟

　さて、五段目あたりからいよいよ話は討ち入りに向かって盛り上がりはじめますが、その最初の見せ場が〝山崎街道〟こと『二つ玉の場』。どこか退廃美的な崩れた色気のある二枚目の定九郎《さだくろう》が血に染まって死ぬ場面がなんとなく倒錯っぽくて、よいわ〜♡　時間の短さにもかかわらず独立上演されている人気のあるひと幕。ちなみにこの場と次の六段目の重要な小道具である財布は、用途にあわせて四〜五個くらい使いわけてるんだそーです。

六段目の『与市兵衛内勘平腹切《よいちべえうちかんぺいはらきり》の場』もよく独立上演される場ですねー。一番の見せ場は腹を切ってからの勘平の独白ですが、そっと財布を確かめて舅を殺したと勘違いして苦悩する勘平、お軽《かる》との別れのシーンなども見逃せない場面です。

昔は
ご先祖や
主人の命日には
生臭物《なまぐさ》(魚・貝・肉)
を食べない
習慣があったそーな
それも年一回の
祥月命日《しょうつき》じゃ
なくて毎月
だったってこだから
とんでもねー話だ
タイヤキくらいいーだろ~!?
魚はだめ!

忠臣蔵の数ある名場面のなかでも七段目の『一力茶屋《いちりきぢゃや》の場』は時間と内容のまとまりがいいのと舞台の華やかさなどから、独立上演される率が一番高い幕ではないでしょーか。この場の由良之助は全段中でも粋で色気があって貫禄があって腹がすわっていなければならないというもっともむずかしい役どころだと言われていて、九太夫《くだゆう》につきつけられた蛸を飲み下すときの心の苦しさ、由良之助の読んでいる手紙を盗み見ようとするお軽と九太夫、お軽と平右衛門《へいえもん》の兄妹愛あふれるやりとりなど見せ場も山盛り！

ちなみに九太夫は前に出てきた定九郎の親父さんですが、親子そろっての極悪人つーのも凄まじいわねぇ。

八段目の『道行旅路《みちゆきたびじ》の嫁入《よめいり》』は前の段の『落人』と同じ舞踊劇ですが、母と娘の道行というのがめずらしいですねー。『落人』に比べると上演回数はガッタリ落ちますが、この場があると次の『山科《やましな》閑居《かんきょ》』の悲哀感が深まるようです。

それにしても前のが〝花婿〟でこっちが〝嫁入〟なんて、なかなかおシャレなタイトルのつけかたでないかい？

で、九段目『山科閑居の場』になるワケですが武士道と娘の幸福のために命を捨てる加古川本蔵《かこがわほんぞう》と、なさぬ仲の娘への愛情と先妻への義理に苦悩する継母・戸《と》無瀬《なせ》の親心が美しく、悲しい。観客にもそのあたりが好まれるのか独立上演率もかなり高め。

　反対に上演率がもっとも低いのが十段目の『天川屋義平内《あまかわやぎへいうち》の場』だそーで、歌舞伎よりも昔の浪曲や映画の「天野屋利《あまのやり》兵衛《へえ》は男でござる！」のセリフのほうが有名になっちゃったよーですね〜。（天川屋義平というのは歌舞伎用の役名で、本名は天野屋利兵衛です）〝山と川〟のはずの討ち入りのときの合言葉が歌舞伎では〝天と川〟になっているワケは、この幕を見ればわかりましょ？

ひえぇぇぇぇぇ〜〜〜〜〜〜〜〜っっ!!

やっと討ち入りだよーぉ！　ここへくるまで何ページかかってんだろ!?　ゼーゼー

とにかく最終十一段目、行きまっす！

『高家奥庭泉水《こうけおくにわせんすい》の場』がかわるがわるいろんな立ち廻りを見せてくれて楽しいけど、冷え込みの一番きつい明け方の、しかも大雪のあとの池なんかにハマったら、心臓麻痺で死ぬぜ、オイ。

　このあと『炭部屋本懐《すみべやほんかい》の場』となるのですが、ここまで長々とやってきたワリには師直がちょっと抵抗してみせるだけでけっこうあっけなく終わっちゃうのよねー。やっぱり〝討ち入るまでの浪士の苦労〟に焦点をあててるせいかしらん？

　最後の大サービスが『両国橋引揚げの場』で、舞台中央の橋の上に四十七士《しじゅうしちし》が

きっちり並んでるぅーっ！　ひとりずつ名乗りをあげてたからホントに四十七人揃えたのね〜。ひゃー★

というワケで、やっとラストに到着しました。いや、ほんまに長いわ！　完全上演に三日かかるってのも無理はござんせんな〜。あまりに愛された演目のためか忠臣蔵外伝や番外編なんかも数多くつくられましたが、いくつかは今も上演されております。

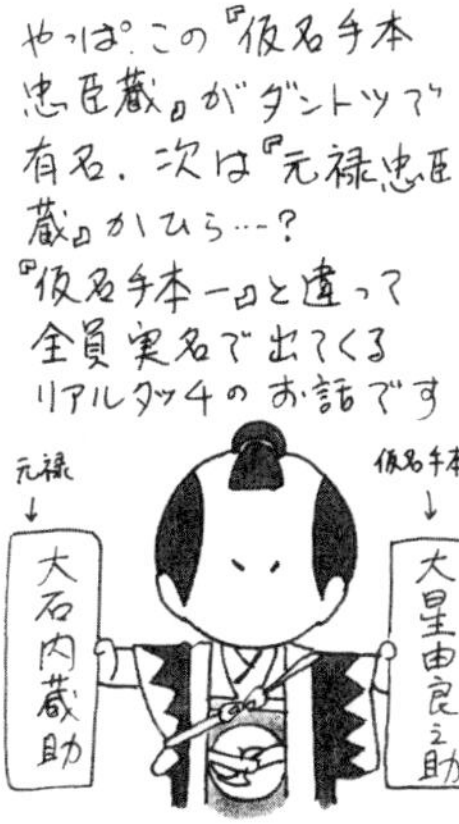
やっぱこの『仮名手本忠臣蔵』がダントツで有名。次は『元禄忠臣蔵』かしら…？
『仮名手本ー』と違って全員実名で出てくるリアルタッチのお話です
元禄↓
大石内蔵助
仮名手本↓
大星由良之助

討ち入りの時「女・子供には手を出さない」というとりきめがあったんだけど、あまりに抵抗が激しくてつい殺されてしまったただ一人の少年茶坊主
強敵でござる！
火鉢の炭を投げたアブナイやつ♪

なお、題名の〝仮名手本《かなてほん》〟については赤穂浪士の人数が四十七人だったからだとか、いろは四十七文字を七文字ずつ八行に書いて最後の字だけ読むと〝とかなくてし〟となり〝咎《とが》なくて死〟んだ判官を指しているからだとかいろいろ言われているようですが、ホントのところはよくわかりません。誰か確信のある答えを知ってる人がいたら教えてくで〜！

●屋号《やごう》

歌舞伎俳優のコードネームとでも言いますか、一族郎党《いちぞくろうとう》のシルシとでも申しましょーか・・・・とにかく正しく覚えようと思うと実にややこしいシロモノです。(なにしろ親子・兄弟だからって同じ屋号だとは限らないんだから、もーっ！)

では歌舞伎を観るのにこんなシチメンドクサイものを覚える必要があるのかといえば、特にはないのですね、これが。屋号を知らなくても芝居の進行上なんのさしつかえもないし話がわかりにくくて困るということもゴザイマセン。ただまぁ、知っていればツウの気分になれて優越感にひたれるとか掛け声（インフォメーション三参照）の区別がつくとか、あるいはごくたまーに芝居中に相手の屋号をつかったギャグやアドリブを入れることもあるので、そーゆー時に舞台のおもしろみが増すとかいうメリットはありますけどね〜。

モトモトは江戸時代の歌舞伎役者がサイドビジネスとして経営していた店の屋号——松坂屋とか長崎屋とか——を掛け声に使ったのだという説がありますが、ホカにも役者の信仰していた神社仏閣からとったのだとか出身地からとかイロイロあるので正確なところはよくわかりません。各俳優の屋号を知りたいという人は、もう理屈ヌキで丸暗記していただくしかないでしょーな〜。

この衣裳どんなんだっけ？
たしか舞台写真があったはず
※
――この山のどっかに……
どちゃ！
ここのセリフなんだっけ？
たしかビデオがあったはず
――この棚のどっかに……
ごちゃ！
あとがき……？

くそ〜っ
この仕事がおわったらぜーったい全部整理するぞーーっ!!
お…おわった…
そして…
まーいいよね次の仕事までになんとかすれば少しは骨休めしなきゃ♡
こら〜っ
※へ戻る…永遠に…!

お久しぶりです。そして、初めまして。

いまいかおると申します。

最近の歌舞伎は、珍しい場面とか削られていたエピソードとかを復刻することが多くなったようで、歌舞伎ファンとしては大変喜ばしい限りです♪

日常的な娯楽として、ストーリーも登場人物の相関関係もすべて観客の頭に入っていたひと昔前ならともかく、元の話もほとんど上演しなくなった現代に、長〜い物語のひと幕だけを上演してもワケが判らんだろーな〜、とつねづね疑問に思っておりましたゆえ。

古びた舞台写真を見て想像するしかなかった演目や、削られていた場面、昔ながらの演出などが復活された舞台を観ると
「あぁ、ここはこういう意味があったのか」

「そうか、これがあの場面に繋がるんだな」

などなど、新しい発見に胸がワクワクします。

歌舞伎は私にとって永遠のあこがれ……ミステリアスな恋人なのです♪

いまい　かおる

【参考文献】
歌舞伎十八番（演劇出版社）
歌舞伎名作事典（演劇出版社）
演劇界（演劇出版社）
歌舞伎の魅力大事典（講談社）
歌舞伎いろは絵草紙（吉田千秋・写真　服部幸雄・監修　講談社）
原色歌舞伎詳細（河竹登志夫・監修　グラフ社）
歌舞伎図鑑（金森和子・構成　平凡社）
歌舞伎（野口達二・著　文藝春秋）
猿之助の歌舞伎講座（市川猿之助・著　新潮社）
歌舞伎ワンダーランド（ぴあ株式会社）
上演台本（国立劇場）
各演目上演プログラム

まんがでわかる
歌舞伎の名作 名啖呵

著　者　いまいかおる
発行者　真船美保子

発行所　KKロングセラーズ
東京都新宿区高田馬場2-1-2
電　話 03-3204-5161(代)
http://www.kklong.co.jp

印刷・太陽印刷　製本・難波製本

ISBN978-4-8454-0995-2
Printed in Japan 2016